Yo, la amante de Rembrandt

emecé lingua franca

Sylvie Matton

Yo, la amante
de Rembrandt

Traducción de Rosa Alapont

emecé editores

843   Matton, Sylvie
MAT   Yo, la amante de Rembrandt - 1ª. ed. –
       Buenos Aires : Emecé, 2002.
       224 p. ; 22X14 cm. - (Lingua franca)

       Traducción de: Rosa Alapont

       ISBN 950-04-2395-2

       I. Título – 1. Narrativa Francesa

Emecé Editores S.A.
Independencia 1668, C 1100 ABQ, Buenos Aires, Argentina
http://www.emece.com.ar

© 1998, Sylvie Matton
© 2002, Emecé Editores S.A.

Diseño de cubierta: Mario Blanco
1ª impresión: 4.000 ejemplares
Impreso en Industria Gráfica Argentina,
Gral. Fructuoso Rivera 1066, Capital Federal,
en el mes de agosto de 2002.

IMPRESO EN LA ARGENTINA / PRINTED IN ARGENTINA
Queda hecho el depósito que previene la ley 11.723
ISBN: 950-04-2395-2

Dedicado a Charles.

[…] Desde hace algún tiempo, vive con Hendrickje, y esa maravillosa mujer (dejando aparte los de Titus, sólo los retratos de Hendrickje están como modelados con la ternura misma y con el reconocimiento del viejo oso sublime) debe colmar al mismo tiempo su sensualidad y su necesidad de ternura.

JEAN GENET

1649

Dios se mostró bondadoso. A nuestros antepasados les dio la fuerza y el valor para ganar las tierras de nuestra patria al mar. Creo en Dios, Padre Todopoderoso. Los protestantes son el pueblo de la Biblia, los holandeses son el pueblo elegido. Dios es bueno, mas es preciso obedecerle. Contra aquellos que lo olvidan desencadenará la tempestad sobre los diques, que reventarán. Ya lo ha hecho con anterioridad. El agua furiosa inunda entonces las tierras que el hombre ha dejado perder por sus pecados. En ese nuevo diluvio, en medio del terror y los gritos, el agua anega, borra. A lo lejos, algunos campanarios horadan todavía la campiña de fango lechoso.

Las puertas se han cerrado con un chasquido y la palabra ha quedado rebotando. Otra vez, una de más. Yo era una puta, la tuya, la puta de Rembrandt. Pegada, presa de temblores, a la pared helada. Sin voz, sin aire. Jadeante. Puta, ha dicho, y la palabra resonaba en la escalera sobre las rayas luminosas de un sol rojo. Mucho rato después de que el eco se desvaneciera, en mi cabeza seguía repitiéndose, ya estaba, me había convertido en puta, la tuya para Geertje Dircx.

Siempre lo he sabido, hasta cuando duermo, incluso cuando sueño con los horrorosos gusanitos blancos que se enroscan. Duermo y me digo que esos bichos creados por Dios están llenos de horribles dientecillos que trabajan. Vivir es trabajar, todo el mundo lo sabe, hasta las malas mujeres de la Spinhuis*. Cuando no obedecen, las encierran en un sótano y liberan el dispositivo de la bomba. Lentamente, el agua va subiendo. En un cuarto de hora el sótano quedará lleno de agua. Quien no quiera morir debe bombear. Y con rapidez. Resulta más cansador que trabajar. Y también más peligroso.

Es a ti a quien hablo, y los recuerdos siguen hablándome de ti. Estás en mí por doquier, en mi vida, en el aire que respiro, en el cerezo del jardín, en mi vientre. Es a ti, amor mío, a quien hablo. Y es a Dios cuando rezo. Siempre estoy rezando. Sin pensar en ello, las palabras se abren camino por los túneles de mi cabeza. No sé escribir, ni tampoco leer, pero detengo el tiempo. Sé aprehender el momento para acordarme más tarde, incluso los gritos los sigo oyendo todavía.

He soltado la aldaba de cobre y he retrocedido sobre los ladrillos de la Breestraat para contemplar mejor la fachada, inmensa como jamás había visto. Ella ha abierto la puerta. Piernas separadas, manos en las caderas, el rostro redondo aplastado por el sol. Sus ojos en los míos. Al instante ha aquilatado mi fuerza, mi sonrisa, mi palidez y el fardo de sucia tela azul depositado a mis pies, la miseria y el coraje de mi familia, mi honestidad. Ha dicho «entrad» y la pesada puerta se ha cerrado a mi espalda.

Fue concebido del Espíritu Santo, nació de la Virgen María. Sufrió bajo Poncio Pilatos, fue crucificado, una tras otra, las palabras de la plegaria se desgranan en mi interior.

---

* Reformatorio reservado a las mujeres.

Mis ojos se acostumbran a la penumbra que me rodea. Se podría creer que no hay paredes en casa del pintor Rembrandt van Rijn, apenas se las adivina entre los cuadros, pero sé muy bien que hacen falta paredes detrás de todos esos cuadros para poder colgarlos. Y ese olor como jamás había percibido, que escuece y hace llorar.

Geertje Dircx mira de hito en hito mis zuecos embarrados, una mirada que transmite a mis pies la orden de no avanzar. En una baldosa blanca del suelo, contra la pared de la derecha, su dedo señala un par de chinelas de piel. Desnudos sobre una consola, dos niñitos de yeso se han dormido. A su lado, bajo un cuadro con un cielo rosa (tan rosa que siento ganas de introducirme en él), el hueso entero de una cabeza con los dos agujeros de los ojos, oscuros como madrigueras de conejo. Me desprendo de los zuecos, me calzo las chinelas y, a menudos pasos, sigo a Geertje por el suelo transparente.

No sé escribir. Donde yo nací, el maestro de escuela enseñaba a los chicos las letras del abecedario, incluso a los dos hijos del carnicero, con la nariz siempre llena de mocos, y de memoria el Padrenuestro y los diez mandamientos. También había días en que preguntaba si Eva comió una manzana o una pera. Yo no fui a la escuela de mi pueblo, las niñas no iban. Pero siempre presté atención a los amores y las venganzas de la Biblia que contaba mi madre todas las noches, así como la gran boca, llena de dientes, del predicador el domingo. Te doy gracias, oh Señor del Cielo y de la Tierra, por haber ocultado esas cosas a los sabios y los inteligentes y habérselas revelado a los niños.

No sé escribir, tampoco leer, y jamás sabré. Fijo mis ojos en aquellos que me miran y oigo los pensamientos que se ocultan detrás. Es lo que yo llamo adivinar. Oigo sobre todo el miedo y las mentiras. Y a lo lejos, muy lejos, el embate de las olas sobre los diques, que cantan y gritan, que golpean y rompen.

He dejado atrás la infancia y a la familia, todavía no soy mayor
de edad*, pero donde yo nací falta el dinero. Sobre todo desde la paz de Westfalia**. A la espera de la próxima batalla, los
soldados sin familia a los que la guerra ha herido en una o varias partes del cuerpo mendigan a lo largo de los canales de las
pequeñas poblaciones. Con la mano tendida, arrastran consigo la muerte de una parte de sí mismos, allí donde el hueso
cortado y la sangre que brota fueron quemados. En las calles
doy media vuelta, no por la vista, sino por el olor. En cuanto
tienden la mano, los gusanos de su cuerpo despiertan.

Antes de abandonar Bradevoort, donde nací, hice llorar a mi
madre y di que hablar a los hombres.

—La ciudad resulta peligrosa, y Amsterdam es una gran
ciudad.

Es el marido de mi hermana, nunca ha estado allí y jamás
ha dicho una frase sin que otro la haya pensado antes que él.
Es como tragar un alimento que ya ha sido masticado. Por una
vez repetí en voz muy alta lo que pensaba, y la cólera de mi
hermana Marina brilló en sus ojos:

—Vete, ve a Amsterdam, en esa casa cuya dirección tiene
nuestra madre buscan una sirvienta. Vete, ya que las gentes de
nuestra campiña jamás te han gustado.

Los hay que dicen siempre lo que piensan, incluso aunque no se les pida. No respondí, no me gustan las peleas. Pero deseaba marcharme. Nuestra campiña no es verdadero
campo y nuestra pequeña ciudad no es una auténtica ciudad,
sino una ciudad de guarnición. En invierno, los soldados es-
tablecen sus cuarteles en las casas cuyas familias los acogen;

---

* Los muchachos eran mayores de edad a los veinticinco años, las chi-
cas a los veinticuatro.

** El 30 de enero de 1648, el tratado de Westfalia (o de Münster) con-
firma la independencia de las Provincias Unidas frente a los españoles.

y cuando, en primavera, los caballos están hartos de forraje y la guarnición levanta el campamento, el vientre de las muchachas suele estar hinchado con un niño. Hija y hermana de soldados, no me convertiré en mujer de soldado como mi hermana Marina.

Desde que llegó la paz, mezcla beleño negro y belladona en la cerveza del desayuno y la cólera de su marido tarda más en despertar. Entonces podía pasar muy cerca de él sin que adelantara su mano de dedo cortado. Siempre para tocarme. La herida de su vientre nunca se cerró del todo, es un gran fuego que lo quema por dentro, eso es lo que dice Marina. Nunca miraré una herida que quede abierta a los gusanitos de dentro. Creo que el fuego del exterior ya no abandonará jamás su interior. A los hombres les gusta la guerra. El fuego es el veneno del diablo, que él arroja sobre la tierra.

Seguía a Geertje Dircx, diciéndome para mis adentros que la joven sirvienta debía seguir a la más vieja. Nos reflejábamos temblorosas en el fondo de las baldosas negras y blancas del suelo, tan brillantes que me veía a través de ellas.

—Todas las mañanas, has de lavar con tres cubos de agua el suelo de delante de la casa. Frotarás con el cepillito entre los ladrillos, y limpiarás también las planchas que cubren los arroyos a ambos lados de la calle.

La podredumbre cae al fondo de los canales, y las ratas la comen; lo que no han limpiado fluye hasta el mar, que lava y destruye. Nuestro padre lo dice a menudo, las Provincias Unidas de Holanda son el país más limpio del mundo. Gracias a los canales y a las ratas, el que tiene menos miseria y menos peste.

En la distancia, se deslizaba a pequeños pasos sobre las baldosas brillantes; desde lejos y sin ruido, Judith avanzaba hacia nosotras. Sujetaba con ambos brazos extendidos al frente el gran canasto de ropa blanca del mes, con manchas de sangre seca, y el peso la hacía enrojecer. Me miró a los ojos hasta

que nos cruzamos. En el último momento sonrió, con esa sonrisa que tira de toda su cara hasta la amplia frente.

—Es Judith —me dijo Geertje.

Cuanto más se hundían los pasillos en la penumbra, y en la
escalera que se dirige hacia las entrañas de la casa, más me
arrastraban de peldaño en peldaño los olores que me habían
envuelto ya desde el vestíbulo, más perfumes y más hediondeces. Huelen a quemado y te obliga a respirar con la boca
abierta, y los olores son todavía más repugnantes, lo adivi-
naba, detrás de la puerta cerrada. Al otro lado oigo voces y
risas, numerosas y frívolas, de jóvenes, creo. Desearía dejar
de respirar y cerrar la boca. Sé muy bien que los olores de
fuera se introducen en nuestro cuerpo, y que esos olores despiertan todos los gusanos que duermen en nosotros. Lo que
hace vomitar es cuando los olores del interior salen y se instalan en el exterior. Entonces la nariz puede oler los gusanos
de dentro.

Con un dedo posado en los labios, Geertje se da la vuelta.
No cuchichea, su voz no es suave, grave, tan queda como un
suspiro. En los dos talleres, el del maestro y el de los discípulos, caminar lentamente, sobre todo no desplazar el polvo, que
entonces se posaría en la pintura fresca de los cuadros. Y no
permitir jamás que la mano de un alumno palpe y sopese las
formas de tu cuerpo, ni siquiera (y sobre todo) si afirma que
lo que intenta es conocer mejor el peso de la carne. Habla sin
reír, Geertje Dircx, sin sonreír siquiera.

Abre la puerta, se produce un silencio repentino en los
perfumes que raspan la garganta, un silencio tan vacío que de
inmediato se oye como nacen nuevas risas. Tímidas. No veo
a nadie. Como excavados a lo largo de la gran pared, cinco nichos quedan ocultos por largas piezas de tela cruda. Al ver cómo el tejido se hincha y moldea los cuerpos que se desplazan
detrás de él, adivino a cada discípulo en su trabajo, solo y protegido de los demás. Risas sofocadas. Todas aquellas miradas

intuidas hacen que me ardan las mejillas y me dan ganas de reír a mí también. Geertje da una palmada, yo bajo la cabeza.

—Ha llegado esta mañana de Bradevoort, cerca de Winterswigle, se llama Hendrickje Stoffels. Ella os traerá los arenques y la cerveza de la tarde. Y a partir del mes que viene, es a ella a quien pediréis todas las mañanas el ladrillo de turba para vuestros calientapiés*. —Se vuelve hacia mí:— Al trabajar sin moverse con este frío, estos jóvenes deslíen mal los colores en aceites que no proceden a calentar el tiempo suficiente.

Medio estranguladas por las cortinas de tela, han aparecido unas caras sonrientes, coloradotas, otras más serias, distantes, casi graves; los discípulos y los aprendices del taller de Rembrandt, que, al igual que yo, tienen veinte años. Segura de que la vida en la ciudad no resultará triste, una risa ahogada ha empezado a nacer en mí, mi libertad sin el padre, sin los hermanos ni el cuñado; y muchachos de mi edad que no sólo sueñan con la guerra y la sangre. Me muerdo el labio inferior. Primero levanto los párpados y luego, con gran esfuerzo, todo el rostro.

Aquella mañana había abrazado a mi madre como si jamás fuese a volver a verla. Deposité un leve beso sobre sus párpados, primero uno y después el otro, tan finos que les costaba retener las perlas entre las pestañas. Quería calentarle los dedos y las entrañas con lágrimas. Le dije que mi vida empezaba, que cuidaría su Biblia, la cual me entregaba, que siempre, al pasar las páginas y recordar, de arriba abajo con el dedo índice, pensaría en ella. Jamás olvidaría que está sentado a la diestra de Dios, el Padre Todopoderoso; de allí vendrá para juzgar a los vivos y a los muertos. Los que hayan hecho el bien resucitarán para la Vida, los que hayan obrado mal resucitarán para el Jui-

---

* Un calientapiés es una caja de madera o metal en la que se han practicado agujeros y en cuyo interior se consume lentamente un ladrillo de turba.

cio. Que no, no olvidaría que el hombre es el dueño y señor de la mujer, que la honra y que ella pare con dolor. Sí, sabía lo que era la vida antes de la muerte, y que para los elegidos, después de la muerte, será eterna. Y que la mía será lo que Dios quiera.

A continuación subí a la diligencia tirada por un caballo que, pasando entre dos terraplenes de hierba empapada, une a lo largo de un canal, en dos días y dos noches, Bradevoort con Amsterdam. Oculta bajo la capucha de su huik*, mi madre lloraba a mi espalda; fijé la vista en el horizonte que se extendía ante mí sin verlo.

De estancia en dormitorio, a pasitos apresurados, seguía a Geertje Dircx. Ante las vidrieras quemadas por un sol naranja, con el rostro en la sombra, apareció Titus. Bolita de carne rosada, con una sonrisa golosa en torno a los dientecillos puntiagudos, lleno de apetito por la vida y pletórico de energía. «Siete años», me dijo. Ya no recuerdo cuándo empecé a amarlo. El perfil impaciente del ama seca, él que aguarda. Que me mira, confiado. Y me digo que también yo lo habría acunado muy a gusto, tan chiquitín entre mis brazos. Cuando los primeros dientes asoman en las encías, habría sabido frotarlas con aceite de enebro. Preparar cataplasmas de harina de centeno mezclada con leche para aplicarlas sobre sus nalguitas cubiertas de puntitos rosa, dejar caer unas gotas de sangre sobre un hierro al rojo para detener las hemorragias nasales. Sabría hacerlo. Cuando hubiera crecido, cuando llegase a ser madre. Pongo fin a esos sueños a contrapelo de un pasado que ha quedado atrás. Titus tiene siete años y oigo, sin saber por qué, mis quejas celosas.

Geertje refunfuña:

—Titus, a la cocina, anda a comer.

Pero el niño rosado de bucles pelirrojos no la escucha. No se dirige a la cocina. Tal vez no tenga hambre. Sus calzas pati-

---

* Capa holandesa, largo abrigo de paño con capucha.

nan sobre las baldosas negras y blancas hasta el haz de luz. Quiere verme más de cerca. Su manita tibia se desliza en la mía.

Los olores agrios me escocían los ojos. ¿O bien se trataba de lo que estaban viendo, y por primera vez? Las palabras surgen de la boca de Geertje Dircx, y no hago preguntas, la gran sala delantera, la pequeña de atrás, al lado del patio la antecámara y el gabinete de las curiosidades. Todas las paredes de todas las estancias quedan ocultas tras los cuadros y los objetos. Armas nunca vistas pero que reconozco por sus filos, completamente erizadas de pelos y plumas, armas de otros lugares. Sin duda son los marineros de la Compañía de las Indias Orientales quienes las llevan de aquí para allá. Cabezas y hombros blancos de hombres y de mujeres (de yeso mate o de piedra dura, que centellea a la luz), ropas de colores brillantes que ningún holandés llevaría en ciudad alguna de nuestro laborioso país. En sus marcos, efigies de Jesús que siempre hablan de la bondad triste de Cristo, en otros frutas, damajuanas de plata, paisajes y, depositado sobre una consola, un hermoso casco repujado que brilla como el oro.

Ante la puerta cerrada de tu taller, Geertje Dircx se da la vuelta y dice, meditando cada palabra:

—Ahora voy a presentarte al amo. Trabaja de la mañana a la noche, nada en la casa debe molestarle.

En la penumbra, entre los pinceles y los caballetes, Rembrandt desplaza lentamente los olores de la estancia. Con una mirada que está en otra parte. Hay demasiado que respirar y que ver, no me atrevo, mis ojos se deslizan algo más lejos en el suelo frente a mí. Tú le dijiste: «Espero que se encuentre a gusto», yo pensé para mis adentros que te había gustado, y salí caminando hacia atrás. Me dije que tal vez el olor desapareciese al secarse la pintura y que un día podría acercarme a tus cuadros sin asfixiarme con tanta hediondez. Titus nos esperaba en la puerta. Nada debe molestarle. Eso es lo que decía Geertje Dircx, era mucho antes de los gritos.

De donde yo vengo todos gritaban menos mi madre. Mi padre, mis dos hermanos y el marido de mi hermana Marina, que golpeaban el suelo con sus botas de soldados y de sargento, cuya amplia lengüeta se abre a la altura del muslo. Sabían fabricar burbujas en el interior de su grueso corpachón, que todo el día transpiraba espuma de cerveza. Querían saber quién eructaba más fuerte. Luego se ponían a gritar. Yo entonces me escondía, sobre todo del marido de Marina y de su mano de dedo cortado, que ya en cierta ocasión me había agarrado por el pelo mientras la otra, de cinco dedos, sofocaba el grito de mi boca.

Cuanto más gritaban, más bebían, y más desaparecía nuestra madre. Como si se hubiera vuelto vieja y frágil de golpe, transparente de pronto, nuestra madre. Entonces se echaba a llorar, las lágrimas brotaban con suavidad como si nunca más hubieran de cesar. Me siento en su regazo, enjugo los largos regueros brillantes que cortan en dos sus mejillas. Como cuando era niña, cuando entrechocaba los dientes de abajo contra los de arriba para que creyeran que tenía fiebre. Me cuenta la guerra contra los españoles, la guerra de hace más de cien años, y cómo las Provincias Unidas de Holanda se convirtieron en un solo país, nuestra patria amada por Dios. Porque siempre hay que aprender a defenderse. Para que nunca más los bárbaros españoles degüellen o atormenten a los hombres y mujeres de nuestras ciudades.

Esa primera noche, Judith bajó al entresuelo para darme las buenas noches, ver si en el rincón de la antecocina donde está instalada mi cama no me faltaba aire ni calor y si seríamos amigas. Habla muy bajito. Las palabras no son tímidas, sólo se debe a que no quiere molestar; es lo que dice con voz muy queda. Judith es un año más joven que yo. Está casada. Su marido trabaja en el molino de los tintoreros. Todas las tardes la espera ante la puerta de la Breestraat para que no vuelva sola a lo largo de los canales negros hasta el nuevo barrio del Jordaan, donde tienen alquilado el primer piso de una casa que da al Bloemgracht.

Hice una pregunta, esa noche sólo una:

—Los objetos y los cuadros que atestan todas las paredes de todas las habitaciones de la casa ¿dónde estaban antes de encontrarse aquí? ¿Y por qué? ¿Es Rembrandt quien los fabrica, Rembrandt o sus discípulos?

—Los compra. Es la pintura y la escultura de otros artistas que le gustan.

Sin duda alguna, mi cara decía bien a las claras que no entendía nada.

Judith se echó a reír.

—Regresa con sus compras y se siente feliz. Es su necesidad de verse rodeado de belleza, de contemplar siempre lo que le gusta. Y además, todas esas telas, esas ropas, esos objetos aparecen en ocasiones en sus cuadros. También se los presta a pintores amigos suyos. Al menos una vez al mes acude a una subasta. Con mucha mayor frecuencia hace diez años, con Saskia.

También yo me eché a reír. Sin saber muy bien por qué.

Mi nueva cama está oculta en la pared como en Bradevoort, pero es más larga. Mis pies pueden describir un abanico, me tiendo cuan larga soy, por primera vez en mi vida no dormiré sentada; cuento los huesos de mi espalda, uno tras otro se hunden en la almohada. Para que las brujas del diablo no me ensarten con sus picas ardientes, al pie de la cama he situado mis chinelas boca abajo. Boca abajo. Sin embargo, esa noche (mi primera en la casa de Rembrandt) la trompeta de la atalaya, que anuncia a la ciudad el tiempo que pasa, me despertó cada hora. Entre dos llamadas, con los ojos desmesuradamente abiertos en la negrura de mi cuarto, escuchaba transcurrir el tiempo en el gran reloj de arena de doce horas.

Me doy la vuelta, vuelvo a suspirar. El dedo medio de la mano derecha sabe apaciguar un poco lo que, por no poder dormir, semeja un dolor. El sueño, entonces, se deja atrapar. La saliva que mi lengua ha depositado en la punta del dedo resulta casi fresca sobre el botoncito que se endurece. En la intensa dulzura entre los muslos, en la humedad entre los pelos y los tibios secretos que ni siquiera el marido de mi hermana ha penetrado, el dedo, ya seco, hace rodar esa yema, que se enciende como una brasa. Vuelvo a sacar la lengua, un poco más de saliva, nadie puede verme, como tampoco las gotas que me han caído en la barbilla. Sola en lo más íntimo de mí misma, para oírme suspiro y gimo. El dedo va cada vez más deprisa.

A fin de que yo no lo olvidase, mi madre contaba cuántas lágrimas y cuánta sangre acompañaron el nacimiento de nuestro país.

—Sin piedad, los españoles apuñalan en el cuello a un anciano de setenta años y luego le hacen beber la sangre que mana, hasta que ya no sale más. Desuellan a los hombres en vivo y tensan su piel sobre los tambores de su regimiento.

En ese punto mi madre guarda silencio. Baja la cabeza, quiere ver si, acunada por ella, duermo ya. Entonces esbozo una sonrisita que significa «continúa». Y ella recuerda lo que su madre le contaba y me mece tal como su madre hacía con ella.

—Los españoles apuñalan al hombre y fuerzan a la mujer. Con las ropas arrancadas, la sueltan desnuda en la ciudad, con la sangre goteando de sus heridas. Algún villano la remata y, pronto reducida a podredumbre, es abandonada en la calle entre los cuerpos a los que han arrancado brazos, piernas y cabeza.

Mi madre se paraba ahí, y rogaba en silencio por la venganza de las almas. En la sangre harás descender sus cabellos blancos a la morada de los muertos.

Separo todavía más los muslos, mis pies hacen fuerza uno contra otro. Con la boca abierta a un beso que me doy, oculta y azotada por mis furiosos cabellos, vuelvo la cabeza de un lado a otro. El dedo lo ensaliva, el botón arde de fiebre. Y tras los secretos hinchados, un calor nuevo me inunda. Procedente de lejos, la ola crece, la he adivinado bajo la espuma. Gimo, me gustaría llorar. Como una marea que no acaba de retirarse. Ya no me muevo, apenas respiro, piernas y brazos desmembrados, la boca abierta al beso que me invento. Después abro los ojos, un suspiro, ganas de reír a solas, me digo que voy a dormir.

Dulcemente mi madre me acunaba. Me dormía en su regazo hasta oír el crujido de las botas de mi padre y de mis hermanos.

Al primer resplandor rosado en el cielo del puerto, el tahonero ambulante, que viene de lejos, arrastra su ruidosa carreta por los ladrillos de la Breestraat:

—Panecillos de centeno, galletas de cebada. Calentitos, calentitos los panecillos…

Tan pronto como me levanto, procedo a vestirme. Siempre me estremezco al cambiarme de camisa: la del día se pega, helada, a mi piel húmeda. Ato los cordones y me apresuro a ponerme las medias de lana. Después, me ajusto las enaguas a la cintura y dejo caer sobre ellas el vestido de tela que uso para trabajar todos los días de la semana. Conservo el otro, cosido por nuestra madre con la misma tela, para ir al templo el séptimo día. El corpiño, muy ajustado, el cuello y la chaqueta. En el barreño de estaño me lavo las manos y la cara. Luego, ante el pequeño espejo puesto en equilibrio contra las vidrieras de la ventana, me cepillo los largos cabellos rojo oscuro, cuyos bucles se enredan por la noche cuando no consigo dormir. Me los recojo en un moño que mis dedos reconocen aun en la oscuridad y sujetan con rapidez por medio de tres horquillas de azófar.*

Acerco el rostro al espejo para ponerme la nueva cofia, que me cubre las orejas y la nuca. Bonita no soy. Contemplo mis

* Antiguo nombre del cobre.

ojos, y luego uno solo, más de cerca. Me digo que es una certeza, y sin embargo, más bien parece una plegaria. Y todas las
veces me pregunto si es a Dios a quien rezo o al demonio. La
pupila se hace mayor, me adentro en ese túnel negro, descien-
do hasta el fondo. No envejeceré.

Me examino por todos lados en el espejo. Cuando sonrío,
entre los dos finos surcos que enmarcan entonces mis labios,
los dientes se alinean, huesecillos que los años no amarillea-
rán. Arrugo los ojos, saco una lengua puntiaguda, por un breve instante hago la mueca del diablo. De nuevo la piel se tensa, la frente crece. Me quiero y no sé quién me querrá. Pero
siempre la misma certeza: ni el viento, ni el frío, ni el tiempo
estropearán ese rostro, esa piel que veinte años han tejido. El
tiempo lo olvidará, lo soslayará, se obrará el milagro. Lentamente, me sustraigo a mi mirada, entro de nuevo en mi vida.

Me ato a la espalda el amplio delantal de rayas azules, me
cubro desde el codo hasta la muñeca con los manguitos beige.
Comienza una nueva jornada. Beberé a toda velocidad leche
caliente en un cuenco de estaño, me comeré una rebanada de
pan, que calentaré en la chimenea, y queso de Leiden aromatizado al comino. Hace un año que no tomo cerveza en el desayuno, desde que adiviné, al servir al marido de mi hermana,
que la cerveza no espabila, ni siquiera la mejor, ni siquiera la
negra de Rotterdam.

Las hojas del verano se desprenden del árbol, lentamente van
cayendo a lo largo de las vidrieras rosadas de la cocina. Abro
la puerta, miro cómo se posan en los ladrillos del patio; pasa-
ré la escoba. En las ramas más altas del cerezo cuelgan todavía
algunos huesos y unos pocos frutos olvidados por los pájaros.
Algunas cerezas negras. Negras. Allí donde yo nací, ningún árbol produce cerezas negras. Son las frutas de la epidemia,
quien las coma morirá. A menos que antes haya chupado, al
menos una vez en la vida, los dientes de un apestado a quien
la muerte respetó.

Incluso mirar las cerezas negras es un peligro, pues la peste jamás muere, permanece oculta en la tierra, aguarda la cólera de Dios. Tú eres mi refugio y mi fortaleza, Dios mío, en quien pongo toda mi confianza. Me apresuro a cerrar la puerta, el miedo late con fuerza bajo mis senos. Perdón al diablo. Y luego a Dios. Clavetearán la puerta y los postigos para encerrar los gritos del enfermo; los vecinos de su calle esperarán, escucharán; una noche, el silencio asfixiará al encerrado. Cruzo los dedos. Es Él quien nos librará de la red del pajarero y de la peste mortífera.

Me gusta el trabajo bien hecho, me gusta hacer bien mi trabajo. Geertje Dircx y Judith recorren conmigo las zonas de almacenamiento de la cocina. El cajón de la sal y de las especias, que conservan la carne. La alacena de las verduras, donde se cuela el frío del patio y en la que se guardan las coles de Milán, los puerros y los quesos. Los arenques frescos en tarros con aceite, y los ahumados, colgados a lo largo de la chimenea. Los grandes cántaros de estaño en los que el cucharón del vendedor ambulante vierte todos los lunes y jueves por la mañana la buena cerveza tibia y espumosa. Y en el trinchero español, el servicio de porcelana blanca y las copas transparentes para las visitas de los notables que vienen a comprar.

Pelo, troceo y voy echando en la gran olla de cobre. Cuando le dije a Geertje Dircx que sabía la receta del hutspot* de mi madre, respondió: «Lo probaré antes que el amo», y acto seguido salió de la cocina. Carne de cordero y de buey finamente picada, pepinos, salsifís, biznagas cortadas a daditos y ciruelas pasas, todo ello regado con jugo de naranja, rociado de vinagre fuerte y cocido mucho rato en grasa aromatizada al jengibre. El mejor hutspot es el de otoño, que mi madre sirve acompañado de castañas. Allá van a la gran olla de cobre los úl-

---

* Uno de los platos fuertes nacionales.

timos trozos de cebollas, y con una tapa cubro el guiso. Dejar
que cueza tres horas. Una comida para veinte personas. Durante esas tres horas, levantaré la tapa una decena de veces para vigilarlo y aspirar el delicioso olor a grasa especiada, y luego volveré a mis quehaceres en los pisos.

Esta mañana he querido jugar con Titus. Es un niño a quien el
frío produce fiebre, y que nunca patina por los canales helados. Su padre prefiere que se mantenga caliente todo el invierno ante la chimenea. Su temor resulta comprensible, ya que
perdió a los tres primeros hijos cuando eran muy pequeños.
Es como si Saskia hubiera dado la vida por este niño, tremen-
damente fatigada por haber traído al mundo a aquel que no había de morir. El niño hincha los carrillos y sopla en una anilla
mojada en agua jabonosa; desde el amanecer hasta la puesta
de sol hace girar en las pompas los colores de la luz, hasta el
punto de que Geertje resbaló en las manchas coloreadas que
la luz proyectaba en el embaldosado. Titus la oyó, y no lo olvidará.
        Juega a las cartas y a los dados como todos los holande-
ses, pero no conoce los juegos más divertidos, como el «corta el ave». Antes de hacerse soldados, mis hermanos jugaban
a él con frecuencia. Con un cuchillo puntiagudo, y con los
ojos vendados, has de cortar el cuello a un pato colgado por
las patas de una cuerda. Cada cual cuando le toque y sin hacer trampas. También quise enseñar a Titus a jugar al gato.
Encierras a un gato en un pequeño tonel al que se ata una
cuerda y lo vas golpeando por turnos con un palo. Cuando
el tonel empieza a rajarse, el gato maúlla muy fuerte, y el juego se vuelve divertido. Una vez el tonel se rompe, el gato salta al suelo. Tiembla de miedo, con la cola completamente
hinchada y los pelos como púas de erizo. Entonces ya no hay
que golpear el tonel, sino al gato. Gana el que lo mata. Titus
no quiso jugar, se marchó, y lo oí sorber por la nariz. No sabe de qué va y yo se lo explicaré; hay muchos toneles en una

ciudad de guarnición, y los gatos campan por sus respetos. Mientras que las ratas limpian el fondo de los canales de bichos y de peste, los perros y los gatos transportan en su pelaje los miasmas de una casa a otra.

He llamado a la puerta del taller de los discípulos. «Entrad», repiten las voces y las risas, pero siguen sin abrirme. He depositado el pichel de cerveza, sin permitir que me cayeran del gran plato los arenques y los quesos he abierto la puerta, que he bloqueado con el pie, y con un solo paso me he adentrado en el olor. Dos alumnos acuden amablemente y se presentan. Barent Fabritius levanta del suelo el pesado pichel; es mayor que yo, y apuesto, con el pelo largo y los ojos oscuros. Y Nicolaes Maes recorre los nichos y va sirviendo los arenques, el queso y el pan en los platos de los demás discípulos y aprendices. Es muy joven y no para de reír, emite una especie de cloqueo que se diría que no oye. Tiene abultados granos en la frente y en el cuello. Creo que seremos amigos.

Geertje me pide que pele las papas. Sin embargo, donde yo nací, en lo más recóndito del vientre de las Provincias Unidas, lejos del mar y del mundo, no las comemos, ni siquiera las plantamos. Sabemos que contienen un veneno. Lo digo muy suavemente, no todo el mundo lo sabe y no quisiera desagradar a Geertje Dircx. Me mira en silencio al fondo de los ojos y luego se encoge de hombros. Le dice a Judith: «Ya las pelarás tú más tarde». Que me reúna con ella en las habitaciones del primer piso. Y con Judith tras ella, sale de la cocina.

Iré al mercado con Geertje, conoceré un poco los alrededores, es lo que me ha dicho, pero no sé qué día. Lo que sé de la ciudad es lo que contaba el marido de Marina, lo que vi de ella entre el embarcadero y la Breestraat, así como los ruidos que atraviesan los rombos naranja y rosa de las vidrieras de la casa, más próximos y más metálicos que en el campo.

A lo largo de dos líneas que cortaban el agua del canal, los patos seguían a la diligencia. En la campiña, que la lluvia vuelve
muda, siempre parpaban. La capota de la diligencia me prote-
gía. El hombre llevaba un gran sombrero negro en el que rebo-
taban las gotas. Sólo tenía un ojo, el otro era un agujero quemado sobre el que la piel, completamente arrugada, había
acabado cerrándose. Las ropas, que a su vez parecían requema-
das, le colgaban en torno al cuerpo. Describía amplios círculos con sus largos brazos, y hablaba fuerte. Hablaba a todos los
usuarios de la diligencia, a todas aquellas personas a las que
no conocía y se dirigían a Amsterdam por el canal, y yo me decía que estaba loco, pues, a menos que esté loco, uno no habla
a tanta gente a la que no conoce:

—… en las tabernas, en pipas que os encienden sobre las
brasas, ponen drogas procedentes de las Indias, mezcladas con
el mal tabaco que crece en nuestra tierra.

Una mujer con los labios pintados en torno a los amari-
llentos dientes gritaba que habían visto cómo los españoles
abandonaban nuestra tierra holandesa, y que también habría
habido que desembarazarse de los locos, que incluso los patos
que venían detrás de la diligencia parpaban su conformidad,
que en nuestras iglesias a los predicadores se les llenaba la boca de amenazas, y que ya era suficiente.

—Dios no tardará en vengarse del exceso de dinero, de
nuestra Bolsa y de nuestros seguros, como hace diez años,
cuando castigó el comercio del tulipán y a los mercaderes de
tres al cuarto al ofrecerles, a unos después de otros, la cuerda
con la que colgarse…

—¡Ya basta! —gritaban la mujer y los patos.

—Miles de pilotes… Ya veréis, construido en siete años
como el templo de Salomón, el nuevo Ayuntamiento…

Era al cielo a quien hablaba el hombre de negro. Era hacia
el cielo hacia donde agitaba el puño:

—… Peor que el Diluvio de la Biblia…, las olas se lo lleva-
rán todo, borrarán lo que los mercaderes han mancillado, se

oirá el eco de los gritos de los niños, pero ya será demasiado tarde, ya habrán sido engullidos…

La diligencia chocó con fuerza contra el pontón. Ante el embarcadero, un hombre de rostro curtido por un sol de otra parte vendía especias. Como un inmenso collar, las llevaba en grandes sacos alrededor del cuello. Un olor de viejas raspas de platija había penetrado en él y lo rodeaba, un olor que lo precedía, que anunciaba su llegada. Hasta tal punto había atrapado, comido y defecado pescado que sin duda él mismo se había vuelto un poco pez. Seguro que debajo de la ropa le habían salido escamas. Grita, casi canta, que él mismo ha traído sus especias de las Indias Orientales, que ha conocido el peligro de las tempestades y de los salvajes, pues, afirma, todo aquello que no es holandés, es salvaje. Sonríe con sus dientes negros bajo un ave verde que le cubre la cabeza con sus plumas dispuestas en abanico. El gran pico amarillo del ave verde repite las últimas palabras de sus frases. Pero de pronto el carillón de un templo ha dejado oír breves notas repetidas, secas y jubilosas. A la música de las campanas, que nunca termina, el ave respondía con gritos furiosos. El marinero ha sonreído una vez más con todas las escamas de su boca, y luego se ha alejado.

Barent Fabritius me ha felicitado. Ha dicho que nunca había comido un hutspot mejor. Nicolaes ha repetido dos veces.

Amsterdam, la ciudad peligrosa; yo miraba, escuchaba, respiraba. El sol rebota en los canales, que huelen a arenque, a todo cuanto arrojan a ellos y a rata. Sobre los ladrillos de las calles, los gritos de los niños se cruzan y se persiguen, van tocando tambores, hacen sonar clarines. Otros, subidos a unos zancos, desembocan de una callejuela. Van sucios, se muestran alegres, bullangueros. Son apuestos.

Donde yo nací, el primer día azul del otoño se vuelan cometas. Con la boca abierta y ojos como platos, los niños con-

templan los colores que bailan por el cielo. Todas las madres
recuerdan entonces la triste historia de Jacob Egh de Zaandam.
Con la boca abierta y ojos como platos, Jacob miraba los colores que trazaban dibujos en el cielo. Corría y, siempre en su
pos, la cometa bailaba. De pronto, uno de los toros de su padre se enrabia y embiste al muchacho. El padre y la madre, muy
embarazada, vuelan hacia el animal furioso, gritan para atraer
su atención. Colérico, el toro cornea al padre y lo mata, y acto
seguido envía a la madre por los aires. Antes de morir, da a luz
en el aire a un bebé que vivirá unos meses. No veré cometas en
Amsterdam. Las casas de tres y cuatro pisos les roban demasiado trozo de cielo, es una pena. Tampoco hay toros. Un toro al galope transporta siempre en sus pelos los miasmas de la
peste. El campo resulta más peligroso que la ciudad.

Antes de apearme de la diligencia, había preguntado por la
Breestraat a la mujer de los labios pintados, y ya me estaba
adentrando en el olor de los canales. Gritos y risas roncos y
violentos me llegan de repente desde una callejuela muy próxima, y cambio de camino para ir a ver. Dos calles más allá, en
una pequeña plaza, una mujer con camisa blanca muy sucia y
teñida de sangre, con los botones arrancados y el cuello rasgado, sacude la cabeza y las manos, presas en el poste de la picota. Colgado de su cuello se balancea un cartel, y con él, pintadas en rojo, las palabras que reconozco sin leerlas, las palabras
que en todas nuestras Provincias Unidas castigan, al denun-
ciarla, a la puta proscrita.

Las tiras de cuero del látigo dibujan cruces en su camisa.
Son los largos trazos de sangre dejados en su piel abierta, que
atraviesan la tela. Con cada golpe del verdugo resuena un grito de la proscrita. Tan largo como lo permite su respiración. A
cada grito responden el odio y las burlas de los que han acudido a mirar.

Vista de lejos la mujer parece joven. Sin embargo, desde más
cerca salta a la vista que el tiempo ha pasado por ella varias ve-

ces. La viruela le ha picado el rostro; tiene los dientes negros, o bien los ha perdido; los hombros desnudos, con marcas de un pardo oscuro y costras, hablan de su prolongada intimidad con el hierro y el látigo. Oigo las palabras, junto las manos. Tomando sobre Sí nuestra maldición para librarnos de ella, fue colgado del madero. La rabia de la mujer (más que miedo o dolor) responde a los insultos que amenazan con enviarla a la Spinhuis. De la manera en que juzguéis, así seréis juzgados.

Las tablillas de San Lázaro de un leproso se aproximan, siempre anuncian la resurrección. En un canal, el mástil de un navío pasa lentamente ante el gablete recortado de una casa, mayor y más alto que su tejado. Descendió a los Infiernos y al tercer día resucitó de entre los muertos. Los cascos de un caballo sobre los ladrillos de una calle, más cercanos y más presentes a cada repiqueteo. De repente, salto contra un muro, o me caigo, ya no lo sé, empujada por el caballo al galope, que tira de un pequeño carruaje provisto de techo y cortinitas, y adornado con oro todo en derredor. Un caballo inmenso, completamente dorado. Detrás de la cortinita entreabierta, como en un relámpago he visto al hombre de negro. No quería matarme, su nariz, larga como un cuchillo, brillaba por encima de sus labios pegados. La ciudad es peligrosa. No, no quería matarme, el hombre de negro, cegado por el oro, no me había visto.

Sé que Dios es bueno y que ama a Holanda. Dios nos ha elegido. Las aguas se retiraron ante nosotros y Tú nos llevaste a buen puerto y a pie enjuto, como al pueblo de Israel hasta la Tierra Prometida. Mas si nos entregamos a los oropeles y los pecados, derramarás Tu cólera sobre nosotros, una gran mortandad surgirá de la tierra, el Diluvio nos engullirá.

Llegada la noche, cuando los últimos discípulos habían salido a la ciudad o yacían en el granero sin ventanas, los pesados pasos de Rembrandt atravesaban las amplias estancias de la ca-

sa. Judith y yo levantábamos la cabeza, nos dedicábamos a escuchar. Ya no reíamos, ni hablábamos, todo eran susurros. La
voz de Judith, que nunca quiere molestar, no era sino un so-
plo. El silencio impide el olvido. Sólo las chinelas de Geertje
repiqueteaban sobre las baldosas frías. Su voz seguía dando órdenes, Geertje era la única que no entendía la pesadumbre que
crece en la negrura.

En la cocina, Judith cuchichea secretos. Siete años después de la muerte de Saskia, Rembrandt seguía sin soportar
su ausencia, el silencio vacío de ella y de su risa, que se había vuelto suyo. Sumido en ese silencio, el de Saskia, día tras
día, en tu taller, vivías con ella. Le hablabas y sobrevivías. Bajo el gran sombrero de terciopelo rojo, besabas sus labios,
pintados por ti en el lienzo. Para no morir jamás, para no morir nunca más. Siete años después de su muerte, Saskia seguía viviendo. Ante ti.

Esta noche te miro y me acuerdo. Tu sonrisa ha cambiado,
creo. No habla tanto de dolor. De un soplido preciso apagas la
vela, tus brazos me rodean.

En tu presencia siempre bajaba la cara. Incluso cuando Geertje
me enviaba en su lugar a tu taller con los arenques y la cerveza.
Llamaba con suavidad, tres golpecitos en la puerta. Tu decías entrad, yo entraba. Esperaba con el plato y el pichel, desde tu espalda contemplaba cómo la pintura daba forma al cuadro. Veía
la gran costra grasa de colores oscuros y sin nombre de la paleta, las vejigas de colores y los tarros de aceite que huelen a ajo, a
pluma de gallina y a lavanda. Había aprendido a respirar lentamente, por la boca abierta, y los ojos ya no me escocían.

Fue Barent Fabritius quien me tomó de la mano para lle-
varme al fondo del taller de los discípulos, allí donde el artista moledor supervisa la cocción de los aceites para clarificar,
en los cuales machacará los colores. No demasiado caliente,
sobre todo que la pluma de gallina no se rice en la esencia de

trementina. A su lado, un aprendiz remueve, entre vaharadas repugnantes, los huesos y la piel de conejo, que se funden al baño María; mezclados con blanco de España, se convertirán en cola fuerte.

Tres toques más sobre el lienzo y luego, como a regañadientes, el pincel la abandonaba y tú te volvías. A tu voz grave respondía yo con la cabeza gacha. No te miraba a los ojos, que ahondaban en los míos, de frente no me atrevía. Sí, hacía buen tiempo, sí, me sentía a gusto, jugaba con Titus, sí, con mucha frecuencia, tan pronto como los quehaceres de la casa y Geertje Dircx me lo permitían. Yo me callaba que a Titus no le gustaban los juegos de mi infancia. Siempre que hablas de tu hijo, tu frente se alisa, tus labios arrastran consigo una sonrisa en la que participa todo el rostro. Nacida en lo más hondo de tu garganta, una risa suave y melancólica cruza la frontera de tus dientes. Es una risa triste, es la risa de Rembrandt van Rijn. A mí, que me gusta reír, no sé por qué pero al oírla algunas veces me entran ganas de llorar.

Ese día, tu voz grave, tu voz que me pide que no regrese abajo, que no lave la cocina, no, que no le pida nada a Geertje Dircx. Por primera vez te miro a los ojos, que ahondan en los míos. Has visto un nuevo cuadro, necesitas una modelo, aquí y ahora.

El séptimo día me adentro bajo la bóveda de la Oude Kerk*. Por la gracia de Dios hemos sido salvados, por medio de la fe. Esa salvación no procede de nosotros, es un don de Dios. Avanzo con la cabeza alta, no veo la ciudad, los círculos de hombres y de mujeres que ríen y comercian a mi alrededor. Para no oírlos, miro al hombre de negro en el púlpito.

Ha dejado a un lado la paleta y el pincel. Rodea el lienzo, sus pasos se aproximan. Su mano crece hacia mí, huele a los pig-

* «Oude Kerk» significa «vieja iglesia».

mentos azules y a una mezcla de aceites de clavo y de adormidera. La mano me arregla un mechón de cabello, me acaricia la
oreja al pasar. Bajo la cabeza hacia el suelo, no, no verás las gotas de sudor rosado bajo mis ojos y en mi labio superior. Te inclinas hacia mí. Tu gran sombra me envuelve.

El fundidor de estaño está en el barrio. Con un cucharón su-
braya cada palabra golpeando un plato torturado, abollado y
lleno de agujeros: «Fundidor de estaño»… En las calles el estaño suena menos que el cobre, pero resuena con más intensidad en el pecho. Examino a fondo los platos a contraluz de
las ventanas, elijo aquellos que el tiempo y los cuchillos han
desgastado hasta la transparencia, en algunos casos hasta
provocar un agujero. El timbal de Titus y tres platos. Aguar-
do delante de la puerta; el fundidor trabajará el metal y esta
noche regresará con el mismo número de platos y bandejas,
que lucirán de nuevo una espesa capa. Cuesta lo que vale un
poco de estaño y su trabajo. Lo único es que, como me dijo
mi madre, hay que comprobar que la mezcla no sea más pobre ni más frágil. Rasparé el metal con un cuchillo, compa-
raré la brillantez.

Ahora poso para Rembrandt. A través de una ventana abierta, hasta una distancia mucho mayor que mis pensamientos,
contemplo durante horas el vacío o la penumbra de la cocina;
horas sin moverme, apoyada en el mango de una escoba, lo
justo para que los calambres pasen de una pierna a otra. El
tiempo se detiene, el cuerpo se enfría. Renazco en sus obras.
    Oigo cómo aspira la pintura por la nariz, los olores verdes
de la cocción de los aceites. Su pincel escarba en la pasta de la
paleta, unta y araña la madera o el lienzo. Luego viene hacia
mí, me pone una mano bajo la barbilla, quiere ver a su modelo más de cerca. Sus ojos se pasean, redibujan mi cara, que
cambia de color. Querría abandonar mi postura y cerrar mis
brazos en torno a él, en torno a ti. Sofocar contra su pecho la

ternura que me ahoga, las lágrimas que sin duda acudirían, mi ser entero. Sin saber el origen, tan intenso de pronto el impulso que me lleva hacia ti.

Desde muy lejos, como un gran temor a hacer castañetear los dientes del diablo, las tablillas de San Lázaro de los leprosos vaciaban las calles. Aquellos que corrían para poner la mayor distancia posible entre ellos y los impuros, dejaban caer algunas monedas en los ladrillos. Yo lo quiero, sé purificado; y de inmediato su lepra lo abandonó. Ese domingo, desde lo alto del púlpito, el hombre de negro arrastraba las palabras bajo la amplia bóveda del templo, que los pobres necesitan la caridad de los ricos, pero los ricos necesitan a los pobres para la paz de su alma. Es el lunes de los impresores, la gran procesión de los leprosos. Por una ventana arrojo monedas. Cual si llevara luto por sí mismo, el leproso tiene las ropas y la mirada desgarradas. El amor al prójimo responde al amor de Dios por nosotros. Sí, los amo, pero encontrarme frente a un impuro, eso no, sin nariz, sin manos, la carne lentamente engullida, digerida por gusanos del interior, tan pequeños que los ojos no los ven, no quiero.

Te inclinaste. Me besaste. Con los ojos cerrados, nos besamos. Como si lo esperásemos, como si lo hubiéramos sabido con antelación. Desde días atrás. Y ella, sin aire, sin nada de aire en torno a su boca abierta, lo vio. El primer beso.

No supiste decirle «vete». Habrías preferido que las cosas fuesen de otra manera, quieres mucho a Geertje Dircx, te apegas a aquellos con quienes te sientes bien. Te había gustado que comprendiese y se quedara cerca de ti, cerca de nosotros si quería. No obstante, ¿cómo imaginar…? No conozco a los hombres, pero me da la impresión de que lo quieren todo, no perder nada y no hacer daño a nadie. Incluso cuando el daño está hecho.

En el vacío, más allá de lo que alcanza mi mirada, dejo vagar mis pensamientos. Me digo que lo que Rembrandt pinta no soy yo. Que con su pincel y la pasta de colores, es algo más que mi imagen, es la vida lo que ofrece. Jamás se verá en un lienzo a personas vivas que respiran y caminan, es la imagen plana de gentes que hablan o que lloran, pequeñas vidas en un gran charco de luz, fantasmas que todavía no han muerto. En su pasta de colores aprendo a no morir nunca jamás, le sonrío.

Sus brazos me llevan, me arrebatan. Con su risa triste en mi oído, floto por las estancias vacías de la casa. Abro los ojos. En su lecho. Mis labios buscan los suyos y gimen. Presa de sacudidas, he dejado de respirar. Por completo. Mi cuerpo desmembrado bajo el tuyo, como una herida mi deseo. Tus labios y los míos por fin, locas fiebres adheridas. Aspiro, te aspiro y grito. Como si ese gran vacío de pronto hubiera desaparecido. Tú en su lugar, tierno y duro, mi amor más ardiente. Que nunca más sin tenerte a mi lado, y yo ahí, a tu alrededor. Digo gracias, en mi mente digo asimismo gracias, Dios mío, demasiado suave, demasiado, otra vez. Caminad según el Espíritu y no os entreguéis a las concupiscencias de la carne. Otra vez. Y además, te lo diré más tarde, jamás antes de ti y sin daño, ni siquiera el hombre del dedo cortado, arañé la marca roja de su mejilla. Pues la carne alberga deseos contrarios a los del Espíritu, y el Espíritu, contrarios a los de la carne. Con certeza, sangre en las sábanas, por la mañana miraré. Me abandonas, no, lentamente, no, me dejas temblorosa.

Una queja, largo suspiro como un lamento y me desperezo. Con una sonrisa, te apartas para ver mejor. Entonces, con los ojos cerrados, glotona he respirado esos olores nuevos, mezcla de salado y dulzón, los vapores del taller metidos bajo tu piel y lo que transpiran los cuerpos que se aman. Tus labios como pétalos se pasean, tus brazos en torno a mí, tu muslo contra mí. Hacia arriba y hacia abajo contra mí tu caricia. Te deslizas arriba y abajo duro y suave. Luego, llegado el momento, me partiste en dos, amor mío. Mis piernas cruzadas ciñéndote. La noche comenzó. La primera noche.

Dormía aún cuando los panecillos de centeno calentitos y las galletas de cebada eran voceados en la Breestraat a la mañana siguiente. La primera mañana. Tus brazos rodeándome.

A lo largo de siete años, después de la muerte de Saskia, Geertje Dircx cuidó y alimentó a Titus. Tras haberlo llevado en sus brazos y lavado, tras haber amado todos sus olores y haberlo vigilado cada segundo en cuanto empezó a gatear. Jugaba con él, mezclaba el jabón para sus pompas y echaba los dados en sus partidas. Y aun cuando no se había convertido en tu mujer salvo aquellas escasas veces, le bastó ver a otra mujer en tus ojos para que su vida se quebrase. Cuando no grita, retiene detrás de los labios apretados la pesadumbre que le quema los sesos. Y yo no sé mirar de frente los celos y la cólera, y yo ante ella bajo la mirada.

El predicador vocifera desde lo alto del púlpito. En el eco del templo las conversaciones se han detenido, por un momento los mercaderes de especias han cesado su negocio del domingo. Recostadas en las gruesas columnas, las mujeres ya no amamantan, o bien tan sólo para que su bebé no llore. Incluso los perros han dejado de escarbar bajo las losas de las tumbas abiertas. «Galileo es su nombre…» La voz resuena. Para el italiano, ya no es el sol, sino la Tierra la que gira alrededor del sol. Ha osado enfrentarse al Génesis. Murmullos. Los católicos lo han encarcelado. Los murmullos aprueban. Ante la Inquisición, de rodillas, Galileo ha confesado su error.

Los pelos separados de los pinceles y brochas se habían secado, completamente tiesos. El polvo gris ocultaba la costra de pintura en la paleta, gran herida abandonada. Echabas de menos a Saskia. Espantosamente. El vacío que te rodeaba había penetrado en ti. Abrazabas a Titus, decías a Geertje que lo colmara de cuidados y te lanzabas a la calle. A menudo Judith corría en tu pos por la Breestraat, ella me lo ha susurrado. Te llevaba el farol, que casi siempre olvidabas. Las calles peligrosas que llevan hacia el puerto no están iluminadas por las lámparas de aceite de las casas. Pocas personas se quejan de ello, ya que, al lamer la madera, esas lucecitas de la ciudad suelen provocar incendios. Sin embargo, en esos canales próximos al puerto es donde por la mañana flotan los cadáveres. También se da el caso de que las patrullas nocturnas acompañen a quien anda por las calles sin luz. Lo guían hasta su casa, o bien lo detienen y lo llevan a los calabozos de las puertas de la ciudad.

Caminabas evitando a los ladrones y las ratas, a lo lejos divisabas las ventanas iluminadas de una taberna del puerto. La noche se enroscaba a tu alrededor, con las putas, las mujerucas que echaban la buenaventura y los lanzadores de cuchillos, pero la vida nocturna ya no te divertía. Rodeado del humo de las pipas arrugabas los ojos. Entre dos vasos de ginebra respondías que sí, que te gustaba fumar una, que cargaban con tabaco mezclado con cannabis sativa de las Indias Orientales. Y volvías a casa sin acordarte de ello, un tanto aligerado tras haber ahogado algo de tu tristeza, con la boca y la piel hinchadas de cerveza y de ginebra. Esas noches Geertje no se acostaba. Acechaba la respiración de Titus en su camita, aguardaba toda la noche. Ya no sabes si tus manos perdidas encontraban entonces su deseo o si eran las suyas las que se aferraban a ti. Es lo que me cuentas, con una sonrisa desagradable y un ojo medio cerrado. Sin Geertje no habrías encontrado el camino a tu dormitorio. Ni siquiera tu lecho. Ella se deslizaba debajo de ti. Tu cama estaba bajo ella, allí donde Geertje se había tendido.

En las mañanas tristes, me digo que no es una vida adecuada para una criadita, acostarse en la cama del amo. Que debo irme, que debería. Me lo digo pero no tengo ningún sitio adonde ir, y no regresaré a Bradevoort, no, jamás; aun cuando en ocasiones eche de menos a mi madre, su dulzura y las historias que gusta de contar. Creo que ya no podría soportar el olor de las botas de soldado. Doy las gracias y elevo una plegaria: que nunca más me atraviese la mirada de un hombre carente de bondad. Como si acabase de nacer a los veinte años, aquí en Amsterdam, en los brazos, los olores, la bondad de Rembrandt van Rijn. En su habitación, un fuego de turba arde la mitad de la noche, y una pesada tela verde alrededor de la cama con dosel retiene el calor. Me desperezo, ya no quiero pensar, dichosa en sus brazos olvido, nunca tengo frío.

Entonces, para darme miedo, rememoro historias de sirvientas despedidas porque estaban encintas y luego encerradas en la Spinhuis. Incluida la de Janeke Welhoeck, sirvienta en casa de maese Bickingh, en la noble ciudad de Edam. Edam es conocida por su amabilidad, fue gracias a esa amabilidad cómo la sirena que allí capturaron pudo ser domesticada. Mientras su vientre se iba hinchando, Janeke se negó a decir el nombre del padre. Una vez que tuvo al recién nacido agarrado a su pecho, susurró el nombre del primogénito de maese Bickingh. De inmediato maese Bickingh la hizo encerrar, junto con el niño, que lloraba de hambre. Que confesara su mentira y, sobre todo, que no pidiese el matrimonio. La historia dice que no pedía nada. Invócame en el día de tu aflicción, Yo te salvaré, tú Me glorificarás. En prisión, se ahorca delante del bebé, que acaba de eructar. Como si su honor no hubiera quedado lavado, para vengarse aún más de la pobre muchacha, cuyo hijo hambriento llora su orfandad, maese Bickingh exige que el cadáver de la suicida sea ajusticiado, colgado en la plaza. La muerta ahorcada. Toda la amable ciudad de Edam asistió. La historia no dice si el hijo de maese Bickingh se hallaba presente, ni si el bebé murió de hambre o por haber llorado demasiado.

Con un solo gesto retiras las horquillas, y los rizos de mis largos cabellos me enmarcan el rostro. Murmuras que sólo quieres mi bien y que soy demasiado joven, veinte años, tú cuarenta y tres. No son los años, amor mío, lo que veo en tus

ojos y en el contorno, así como en tu frente, son las desdichas. Son tus muertos. Son nuestros muertos los que nos hacen envejecer.

También dices que no tienes nada que ofrecerme, que la
pintura te lo exige todo y que estás cada vez más solo, solo contigo mismo y en tu pintura. Que no quieres que Geertje Dircx
me haga daño, que debo trabajar menos y llevar a Titus a la casa de fieras.

Iremos mañana. La han construido cerca del puerto, son
unos jardincitos con unas jaulas. Rembrandt nos enseñará al
rey de los animales, venido de muy lejos y que él ha dibujado.
Es el rey porque no teme a ningún animal. Es un enorme gato
con largos pelos y grandes dientes. No obstante, aquí, entre el
olor de los arenques, entre los gritos y las tablillas de San Lázaro del puerto de Amsterdam, con la mirada puesta en una
evasión imposible detrás de los barrotes de su jaula, balancea
de un lado a otro una plegaria que no tiene fin.

Gesticulas y ruges con fuerza. Amenazas con la venganza
de tus antepasados, echas la cabeza muy atrás, vas en busca
(lejos en tu memoria de león) de ese estertor, de esa rabia re-
pentina del rey de los animales, solo consigo mismo. Qué miedo. Por encima de nuestras cabezas, durante un breve instante las chinelas de Geertje Dircx, que golpeaban el suelo, han
callado, un breve instante antes de nuestras risas.

Rembrandt trabaja, él no almuerza nunca. La comida de mediodía se hace en la cocina, cada cual según su apetito. Las cenas tienen lugar en la gran sala, sentados alrededor de la mesa. Resultan tristes. Es raro que Barent y Nicolaes se sienten
con nosotros; suelen comer hacia las cinco de la tarde y por la
noche no tienen hambre, o bien visitan a otros aprendices y
alumnos en la ciudad. Barent toma asimismo la diligencia de
vez en cuando para visitar a su hermano Carel, que era discípulo de Rembrandt y ha abierto en Delft su taller. Con el rostro inexpresivo, Geertje ha dejado de comer. Dije que sí, que

me sentaría con el señor, pero también con Judith, que nunca molesta. En medio del mantel, la fuente de barro humea. Bajamos la cabeza hacia el plato y el cuchillo, Rembrandt cierra los ojos. Bendice, Señor, los alimentos que vamos a tomar y socorre a aquellos que no tienen qué llevarse a la boca.

Unos pescadores han visto a tres ballenas a media jornada de barco. Ruego a Dios, y acaso al diablo, que no se queden varadas en el puerto, pues todos sabemos que una ballena que acude a morir en tierra supone una advertencia. Dios se vengará de nuestros pecados.

Escucho, siempre sorprendida de que Rembrandt me haya elegido en lugar de repetir para sí mismo sus recuerdos. Saskia ya no se levantaba de su pequeña cama. Él la miraba dormir o bien le hablaba. De la luz sobre el canal, de que, sí, el pequeño se despertaba por la noche, es normal a los cuatro meses, que ella tenía que descansar y que Geertje Dircx, el ama seca, era muy servicial, que por supuesto no tardaría en curarse, que el buen doctor Ephraïm Bueno lo había repetido, y por qué esa sonrisa triste.

Veía la fatiga de Saskia en torno a sus ojos dormidos o bien hablaba con ella, y seguía dibujándola. En la época de Saskia olvidaba el cuadro al que entregaba casi todo su tiempo, *La compañía del capitán Frans Banning Cocq**, tan grande que los discípulos lo habían atado con una cuerdecita a su bastidor en el patio, donde Rembrandt podía retroceder lo suficiente para verlo entero. Meses de trabajo. Y Saskia se iba. Tosía y, a través de la fiebre y la tos que la desgarraba, veía crecer a Titus.

Me hablabas de Saskia y de los tres niños muertos con tan sólo tres semanas de vida, Rombertus y las dos Cornelia. Y

---

* *La ronda de noche* es el título injustificado que se dará a este cuadro en el siglo XVIII.

parpadeabas con rapidez a fin de retener las lágrimas. Yo no sabía que un hombre podía llorar. Sin haber bebido cerveza negra de Rotterdam, sólo por pesadumbre.

Esta vez vi el carruaje dorado y el caballo antes de oír sus cascos sobre los ladrillos. A lo lejos, avanzaba a lo largo del Herengracht. En dirección a mí.

Ninguna madre podrá acostumbrarse jamás a ver la pequeña vida salida de su vientre apagarse hasta convertirse en cadáver. Yo creo que Saskia murió por el dolor de ver a las tres criaturas en su ataúd, y por el miedo que se había instalado en su vientre.

Entre los sables y las botas de los guardias de la milicia del capitán Frans Banning Cocq, para resucitarla en una plegaria justo antes de su postrera tos, tu pincel la besó.

El doctor Ephraïm Bueno visita a Rembrandt, por amistad pero también a causa de sus encías y sus dientes, que se le meten de través en la cabeza y lo despiertan por la noche. Él decía que la mujer que se porta bien con Rembrandt debe haber visto, y que me llevaría a la sala de reuniones de las guardias cívicas. Su dedo retira el humo de las velas, que ennegrece la pintura. Bajo la capa de polvo graso, el sol que hace diez años calentaba el cuadro se apaga lentamente. Pronto sus rayos serán de luna. Eso es lo que dice Ephraïm en son de broma.

He oído tu pena, tu profundo rugido de león abandonado y solo consigo mismo ante la mujercita rubia, ese fuego fatuo de viva luz que inflama el cuadro. Dios resucitó a Jesucristo, Lo libró de los tormentos de la muerte, pues no era posible que ésta Lo retuviera en su poder. Entre las botas, Saskia se parece a los retratos que besas en tu taller, y sin embargo, ya no es del todo carne. Más transparencia que vida, simboliza ya todos tus pesares.

Te hicieron la pregunta: «¿De dónde procede esa muchachita de luz surgida de ninguna parte?». Tu dolor sin fondo la había resucitado, se había levantado de su lecho de muerte, pero no la reconocieron.

Eso fue hace siete años. Dios bendice el séptimo día y lo consagra. El fin y el nuevo comienzo. El séptimo año también.

Ante las llamas de la chimenea, sentado en las baldosas contra mi silla, Titus ha posado la cabeza en mis rodillas. El calientapiés sobre el que mis pies se adormecen caldea bajo la enagua. Una fatiga tibia envuelve a Titus y le cierra los ojos. Hundo los dedos en sus cabellos, sus hermosos rizos pelirrojos. No son vermes, son piojos. Se retuercen como gusanos. Los atrapo entre el pulgar y el índice, les clavo las uñas como haría con las pulgas, pero sus patitas se agitan en la nada que los rodea. Ahogo al piojo, lo mantengo largo rato sumergido en el barreño de estaño lleno de melaza que he depositado a mis pies. Vuelvo a empezar; con las uñas apretadas formando pinza, dejo deslizar con suavidad el pulgar y el índice desde el cuero cabelludo habitado hasta la punta del pelo; acto seguido ahogo a las liendres en el barreño. Comienzo de nuevo. Es una historia que mi madre solía contar. La historia de un hombre comido vivo por sus piojos.

No conoces las historias que surgen en la campiña, y me las guardo para mí. En ocasiones me digo que, si no las dejas salir, se instalan cual si fueran pesadillas. Una pesadilla que se repite puede hacerse realidad. Un hombre comido vivo por sus piojos.

El buril excava el cobre. En los puntos donde el barniz ha saltado, el ácido corroe el metal. El cilindro de la prensa chirría, la placa entintada traza sobre el papel húmedo una primera copia. Sin arrugar la nariz, aprendo a amar los olores de la tinta y la trementina, incluso aquella que ha rizado la pluma o ennegrecido el ajo. Me quedo en la puerta, con un plato de quesos en las manos. Ante el rosado de las vidrieras, miro desde lejos tu rostro en penumbra. Inclinas la cabeza, me llamas con

amabilidad, quieres que vea el gran grabado. Sin vergüenza pero turbada ante los alumnos, atravieso el taller, a pasitos cruzo el taller, demasiado grande. Con tu mano posada en mi
hombro, aprendo a mirar. «Dejad que los niños se acerquen a
mí...» Los enfermos a quienes Jesús sanó Lo siguieron. A su
izquierda, reconozco al muchacho que baja la cabeza. «¡En verdad os digo que es difícil que un rico entre en el reino de los
cielos!»

No reconocieron a Saskia. Son tan numerosos los ciegos, como tú los llamas, con sus posesiones y sus certezas como si jamás fueran a morir... Ésos van al templo todos los domingos.
Cuanto más me hablas, más aprendo.
      Vienen a tu casa, con la mirada gacha hacia mi delantal
abro la puerta. Los recibes, dan vueltas en torno a ti, hacen ga-
la de su grueso vientre y su importancia, se diría que sin ellos
el sol dejaría de girar alrededor de la Tierra. (Bebes un vaso de
ginebra.) Posan durante algunas semanas en tu taller, se asfi-
xian en la gorguera blanca sobre la que han depositado su roja cabeza. Son ellos quienes poseen el dinero, el de sus padres,
de la guerra y los cañones, el del aceite de las ballenas, las especias o los seguros. Mis posesiones constituyen mi certeza,
es lo que afirma su rostro, lo que dirá su retrato. Lo colgarán
sobre la chimenea del salón y aquellos que se les parecen los
reconocerán. (Otro poco de ginebra.) Sí, se sienten seguros, sí,
la vida es amable con aquel cuya imagen habrá de sobrevivirle. Es Dios quien lo ha querido, quien tiene posesiones es un
elegido de Dios.
      Luego, rodeado del silencio y del eco de sus palabras, a
solas para concluir el cuadro, durante varios meses ante tu
caballete te peleas con ellos. Contra el orgullo que aprieta los
labios y ennegrece las miradas. Contra las certezas que dejan surcos en los rostros. (Te sirves un nuevo vaso.) Las de
sus padres, ya completamente masticadas, que repiten sin
reflexionar sobre ellas. Solo frente al caballete, bebes dema-

siada ginebra, y luego hablas al retrato acerca de Dios, la muerte y la bondad. Más tarde, tu pincel depositará la pintura y la vida en sus caras.

Geertje se ha ido. En la casa, el aire resulta menos denso de respirar. Ciertamente, tengo más trabajo, pero he aprendido. Judith viene todos los días. Pedirá ayuda a Geertruid (que vive en el mismo canal que ella, en el Jordaan), el jueves para limpiar la cocina y la bodega, y el martes por la tarde, cuando, después del mercado, se enceran los dormitorios y las amplias estancias. Es Geertruid quien se acuclillará en el suelo y buscará los huevos y los excrementos de cucarachas y piojos. Si los encuentra, extenderá a lo largo de las paredes la mezcla de cal y trementina que los asfixia. Le enseñaré también a reconocer en una viga agujereada el túnel de un gusano y el de una termita. Que a fuerza de túneles y de huecos, el tejado de una casa puede derrumbarse con gran estrépito de polvo y de muerte. Por eso el Señor introdujo en masa las plagas en la casa del faraón.

Geertje se ha ido, hizo saltar de un portazo el polvo de la puerta, cuando me acuerdo todavía resuena, con gran estruendo, en mi pecho.

Están los ciegos, y también hay aquellos que saben, pero a los que Rembrandt ya no dice lo que piensa. Están los amigos y los antiguos amigos. Hacía años que no habías visto a Constantin Huygens. Abrí la puerta a su mensajero. Tras haber firmado la paz con los españoles, nuestro príncipe Federico Enrique murió, apenas tuvo tiempo de ver cómo su país renacía tras tan larga guerra; su secretario, Constantin Huygens, ya no tiene el poder, él, que durante tiempo lo ostentó.

Había visitado Leiden, había entrado en el taller del molino de tu padre. Miró, incluso dio la vuelta a cuadros que habías apoyado contra la pared. Dijo que no tardarías en recibir un encargo de la corte. Tenía veinticinco años, y tú veintisiete.

Abrí la puerta y él entró; todavía es joven, surcado de algunas arrugas, con amplia frente, párpados hinchados y bolsas bajo los ojos. Sonrió y yo retrocedí, me sumí en la penumbra. El corazón me latía con fuerza, es Constantin Huygens, el secretario del príncipe, aunque ya no lo sea, aun cuando el príncipe haya muerto.

En un cartapacio Rembrandt buscó el cuadrito que preparaba el gran descendimiento de la Cruz. Vi la desolación, la muerte del mundo, examiné al Cristo abandonado que se escurre de los brazos enloquecidos de dolor, vi su muslo en adelante sin objeto, tan frágil, y su cabeza demasiado pesada, que la tierra aspira. La tierra que jamás será Su tumba. A Huygens le gustaba. Para el príncipe te había hecho el encargo de tres pinturas de la Pasión que un pintor flamenco* acababa de rechazar. Le gustaba pero él tenía el poder. Y tú, que no sabes conservar el dinero, escribiste siete cartas, siete, para que el príncipe pagase al fin los cuadros, tu trabajo.

Un hombre comido vivo por sus piojos.

Es hermosa y alegre tu cólera de león. Hablas bajito, muy quedo, me besas y suspiras. Los ricos siempre piensan que los pobres gastan demasiado. Un pobre debe seguir siendo pobre. (Murmuras.) Y si en razón de su trabajo se hace un poco más rico, sobre todo no hay que ayudarlo. Que sepa que el talento se presta, y que si lo tiene, es porque un rico lo ha querido así. Los ricos siempre se sienten celosos del talento de los artistas, saben que un artista podría, gracias a su habilidad, ganar dinero, pero jamás un rico tendrá el talento del artista, su riqueza. Saben asimismo que un pobre no sabe conservar el dinero, le gusta gastarlo y comprarse lo que un rico posee desde hace mucho tiempo, a menudo le viene ya de sus padres. Mientras que un rico sabe que uno es rico cuando no gasta. Siempre hay

* Se trata de Rubens.

que recordar al artista la diferencia entre un rico y un pobre que se hace rico, sobre todo dejarlo sumido en sus dificultades (como dices ya sin susurrar), que reclame lo que se le debe, si es necesario hacerlo aguardar e implorar. Incluso Huygens, que compone, que escribe en latín y lee en francés, que lee en inglés a un autor de teatro, que dibuja, que es amigo de los médicos y de un pensador francés* (dices con tu risa triste), incluso Huygens te hizo esperar y te obligó a escribir para pedir. En siete ocasiones.

Huygens visitó tu taller. Siempre, desde vuestro primer encuentro en Leiden, te había aconsejado la pintura italiana. Criticó tus sombras, tú nada replicaste; si tu pintura no bastaba para responderle, ninguna palabra lo haría. Querías que me quedase cerca de ti, me habrías presentado: mi sirvienta, mi mujer. Yo me dije: «Todavía no», y que se debía a tu bondad. Es demasiado pronto, la gente no está acostumbrada a mí, yo tampoco, ni a mí misma ni a ellos. Y Geertje Dircx va repitiendo todavía por las calles «su sirvienta, su puta».

Se ha ido. Ahora lo recuerdo sin miedo. Lloraba, gritaba, con los brazos tendidos hacia Titus, que corría hacia mí. Con las mejillas pegajosas de lágrimas rojas, Geertje Dircx lloraba, por los ojos pero también por la nariz y la boca. Se dejó resbalar hasta el suelo, con los labios torcidos en una mueca, y ya no se movió.

Esa noche Rembrandt apagó el fuego de su habitación, esa noche había prendido en ella. Llenábamos cubos a toda prisa en la bomba del patio, Judith, Geertruid y yo. Los llevábamos corriendo al dormitorio de Geertje. De las paredes de su ha-

---

* Constantin Huygens compuso numerosas obras musicales; escribía en latín, la lengua universitaria y de cultura, leía a Rabelais en francés y a Shakespeare en inglés. Fue amigo de Descartes, a quien hizo que publicaran.

bitación colgaban los retratos, los ocho cuadros de Rembrandt para los que había posado. Ocho en siete años; tres le pertenecían, tres que él le había regalado. Tal vez no quería dejar nada a su espalda, abandonar en la vida y la casa que dejaba atrás ese rostro que el odio iba estropeando y que su espejo detestaba un poco más cada día. Quizá quiso lavar su pena mediante el fuego y también matar un poco de Rembrandt al borrar sus obras. Las llamas trazaban ya surcos negros en las caras pintadas de Geertje Dircx, ya había quemado varios retratos.

Tus obras, Geertje Dircx y sus gritos. Sofocas el fuego, también tú gritas. Golpeas, sacudes la rabia, la enfermedad que hay en ella. Pegada a la puerta de su dormitorio, ya no respiro, ni tampoco Titus en su cama, ni Judith y Geertruid en la cocina. Tras un silencio demasiado largo, las palabras volvieron con suavidad.

Yo sabía lo agradecido que le estabas y que querías cuidar de ella. Pero ella ya había dejado de ver, había dejado de oír. Abría unos ojos desorbitados que miraban a lo lejos y daban miedo. Rembrandt repetía que le pasaría 160 florines al año hasta el fin de sus días; y si estaba enferma, le prestaría mayor ayuda, cuanto fuera necesario.

Geertje gimoteaba:

—Ya soy vieja, y estoy enferma…

Lentamente, su párpado izquierdo se levantaba, el otro ojo lloraba todavía. Su respiración era un ronco jadeo. Ladeó la cabeza, sonrió con una comisura de la boca y su voz chirrió:

—¿Crees de veras, Rembrandt, que te dejaré en paz, que permitiré que te acuestes jubiloso con tu puta?… Yo, que no he tenido hijos, he amado al tuyo como si hubiera salido de mi vientre. ¿Crees que después de haberos entregado, a ti y a él, mis últimos años de mujer, crees que saldré de tu vida porque eso es lo que quiere tu puta?

Esa palabra hiere tanto…, no podía hacer nada, y menos replicar; sólo apretar los labios para acallar la voz interior. Rembrandt se acercó a ella. Le dijo cuánto la quería aun cuando jamás la hubiera amado (los hombres no siempre saben lo que dicen las palabras). Que gozaba de su afecto, que se lo demostraría. Ella volvió la cara hacia él, con la boca torcida, mitad carne y mitad flor.

Rembrandt siguió hablando:

—Aquella noche, tarde, y demasiado triste después de la ginebra, lloré sobre tus pechos. Eras una madre para Titus y yo no sabía darte las gracias, decirte que, incluso aunque no tengas tiempo para ser hermosa, eres buena. Y te regalé un anillo con un diamante, es la piedra que mejor protege de la peste, una sortija en la que yo seguía viendo bailar los bonitos dedos de Saskia, los dedos llenos de vida de la madre que no vio crecer a su hijo.

Geertje cerró la boca y el jadeo cesó. Casi sonrió a su pesar.

—Por tu testamento quieres devolvérselo a Titus cuando tú ya no estés aquí, el anillo de su mamá. Se lo dejas todo, lo poco que tienes. Eres una mujer bondadosa, Geertje Dircx; no cambies nada en el testamento y yo me haré cargo de ti.

Al presente Geertje respiraba sin ruido. Salí de la habitación, salí de la casa y caminé en la noche. Miraba las estrellas al fondo del canal, allí donde las ratas se comen a los gusanos y los miasmas.

Me preguntaba si yo viviría tanto tiempo, hasta los cuarenta años, para ser una anciana. Me dije que, lejos de ti, mi vida sería como la llama temblorosa de una vela, sola en el halo de luz que ilumina, nada salvo negrura a mi alrededor, y nadie para ver que se sofoca, que se asfixia a sí misma. Eso es lo que era mi vida antes de ti.

Esta noche, en mis sueños, antes de abrir su diminuta boca y mostrar los dientes minúsculos, los gusanos se han puesto en formación, un ejército en línea recta, removiéndose de impaciencia antes del ataque.

En la Breestraat, a la mañana siguiente, muy temprano, Geertje Dircx cerraba a su espalda la pesada puerta, que retumbó.

Hoy empieza en la ciudad la inspección del material para apagar los incendios. Los empleados municipales dan tres golpes en la puerta de todas y cada una de las casas de cada calle. Piden que les mostremos. En la casita de Bradevoort, debíamos tener un cubo en buen estado. En la gran casa de la Breestraat, les enseño las dos escaleras de mano y los dos cubos. Los empleados municipales los levantan para ver el fondo al trasluz. Si están agujereados, piden los florines de la multa. Tiran de cada barrote de las escaleras y hacen fuerza en ellos. Regresarán el año que viene. Confiemos en que de aquí a entonces no tengamos que utilizarlos. (No obstante, todos sabemos que a lo largo de un año habrá incendios que apagar, sobre todo si las antorchas de la ciudad queman el aire y los miasmas de la peste.) Confiemos, eso es lo que dicen al salir de cada una de las casas de cada calle.

Todas las mañanas acompaño a Titus a la escuela de la Oude Kerk. El maestro es un amigo de Ephraïm Bueno. Dice que Titus es un niño aplicado a quien le gusta comprender, y que su mirada detiene la luz en las transparencias. Los domingos, en el taller de su padre, cerca de Rembrandt, que dibuja y pinta, el niño aprende. Los discípulos quieren a Titus, se ríe mucho con ellos, sobre todo con Nicolaes.

He abierto la puerta a la Breestraat. El hombre que ha dado dos golpes secos va vestido de negro con un pequeño cuello cuadrado blanco. La lluvia que cae sobre él le estira los rubios cabellos, muy brillantes, hasta los hombros. Me mira sin sonreír, pero no a los ojos. Tiende la carta sellada con una pizca de lacre y dice:

—Del Ayuntamiento, la Cámara de Asuntos Matrimoniales.

El mensajero negro se alejaba bajo la lluvia. No había entendido las palabras pronunciadas, pero la amenaza se adhería al fondo de mi boca, allí donde la lengua se me había secado de golpe.

La carta y el sello rojo. Le doy vueltas una y otra vez. Como si las ganas de saber y la fuerza de mi mirada pudieran hacerme comprender. Por primera vez me gustaría reconocer las letras y las palabras. Deprisa, al taller de los discípulos para ver a Rembrandt. Abro suavemente la puerta, pero no entro. No es timidez, al presente reconozco la amabilidad, sobre todo de Barent y de Nicolaes. No, se trata de una costumbre, para no interrumpir el trabajo, las frases o las risas. Acodado en una columna, Daniel, el aprendiz, posaba casi desnudo, con un paño atado en torno a las caderas, los brazos demasiado largos y demasiado flacos. El maestro y los alumnos, sentados a su alrededor, dibujaban. Sus miradas lo rodeaban, cada dibujo sería diferente.

La clase de Rembrandt es su lápiz el que la da, pero son sobre todo sus palabras:

—… mirar de verdad. Amar la vida, aceptarla en toda su simplicidad; comprender bien supone saber ver correctamente la verdad que tenemos ante los ojos…

Ha vuelto la cabeza hacia mí.

—Ven, Hendrickje, hermosa mía, ven cerca de mí que te vea, que te comprenda bien, y tu belleza… Pero ¿qué ocultas detrás de la espalda? Sí, sí, puedo ver que ocultas algo.

Rembrandt desprende el lacre rojo. Su amplia frente forma olas, y luego dos trazos que las cruzan. Los labios se separan, los ojos han dejado de parpadear, no creen lo que están leyendo. Por fin, Rembrandt recupera el rugido de sus antepasados leones, que se mezcla con su risa triste. Daniel no se ha movido, y los otros discípulos tampoco. No respiran. Rembrandt levanta la cara, sus labios siembran una sonrisa a su alrededor, y lentamente, muy lentamente, rasga el papel.

—Me convocan. Sí, ¡Geertje Dircx me emplaza ante la justicia!… Por supuesto, no iré. —Sigue riendo desde el fondo de la garganta.— ¿Y sabéis por qué?… Me gustaría que alguno de vosotros lo adivinara…

Nadie tenía ganas de adivinar. En medio del silencio, Rembrandt separa los dedos y deja caer al suelo los ligeros cuadrados del papel rasgado.

—¡Por ruptura de promesa de matrimonio!… Sí, ¡por ruptura de promesa de matrimonio!

Su risa de nuevo, y su cólera, que viene y se va.

Esa noche, entre tus brazos y tus piernas, prisionera y clavada mientras mordisqueo llena de cólera los pelos grises de tu pecho, no lancé los habituales gritos.

Fue esa noche cuando los gusanitos blancos de mi sueño la emprendieron con los grandes trozos de madera, excavando poco a poco, con sus dientes apenas visibles, minúsculas madrigueras.

Sin haberse anunciado, Uylenburgh te hace una visita. Cuando dejaste Leiden para establecerte en Amsterdam, tu objetivo era hospedarte y trabajar en casa de Hendrick Uylenburgh. La elección resultaba adecuada para ambos, no tenías la menor duda; con el fin de poder entrar en el comercio de su Academia, incluso le prestaste mil florines (que tu madre había sacado para ti de un escondrijo). Uylenburgh es un célebre marchante de arte, conoce a la gente de la ciudad ansiosa de pintura y que afirma amarla cuando responde a los gustos del momento. Era, además, el primo de Saskia.

Sin la mediación de un mensajero, pues, llama a la puerta; ríe y habla fuerte, pasa por delante de mí con una gran reverencia y luego se encamina a la escalera. Abre la puerta del taller de los discípulos, saluda a la compañía (como él los llama). A continuación se dirige a grandes zancadas hacia tu taller, sin hacer caso de mis «esperad, esperad, voy a avisarle». Con frecuencia vuelve a marcharse sin llevarse ningún cuadro. Dice que conoce a los compradores, y que tu pintura es cada vez más oscura. Te sirves un vaso de ginebra y le respondes que jamás verá otra pintura que no sea la de Rembrandt van Rijn en tu caballete.

Uylenburgh se alejaba por la Breestraat, a cada paso iba haciéndose más pequeño. Tú gritaste:

—… o ve a llamar a la puerta de Govaert Flinck. Ese buen

discípulo se dedica en la actualidad a olvidar cuanto le ense-
ñé. Sabe hacer lo que le piden, sabrá complacer a tus ciegos ignorantes, que no saben ver nada por sí mismos.

Me estrechaste contra tu pecho y añadiste muy quedo que
un hombre que vende su alma a los gustos del momento, como Hendrick Uylenburgh, pese a todos sus temores y sus pru-
dencias algún día podría caer en desgracia.

Rembrandt quiere el bien de Geertje Dircx, le consta que sola, enferma y sin trabajo no vivirá mucho tiempo en su cuar-
tucho del Jordaan. Quiere para ella una vida digna. Rasgó la
citación judicial, demasiado ridícula, según dijo, y además, el
respeto perdido no se recupera. No se presentará ante el tri-
bunal el 25 de septiembre, ni siquiera piensa responder. Comprará su ausencia el florín de la multa, en vez de perder el tiempo ahora que Geertje Dircx ha perdido el juicio.

No se borran así como así siete años de una vida. En casa
todos sabemos que Geertje volverá. Creo que no sabe el daño
que hace: está abreviando el tiempo de los recuerdos que se
aproximan. Como si la muerte de los bebés Rombertus y Cornelia (las dos), y luego la muerte de Saskia, como si todas esas
aflicciones que habían quedado ocultas bajo la tapadera de la
vida, la cual siempre sigue su curso (sobre todo con un pequeñín que llora cuando tiene hambre), todas esas desdichas re-
nacieran detrás de tus ojos, tan bañados en lágrimas como al
día siguiente de los fallecimientos. Aquella mujer que te había ayudado a sobrevivir quería que el dolor se adueñara otra
vez de ti, ésa era su venganza.

Tu trabajo, todos los días y ya de tal magnitud desde que
alcanzaste la edad adecuada, es como una plegaria. Todos los
días devuelves a Dios parte del don que te regaló. Todos los
días hasta el presente. Geertje Dircx se ha ido, pero su silencio no constituye un final, sino una amenaza. Y me digo que
si bien no es la enfermedad lo que te impide pintar, no pintar
podría hacer que se apoderase de ti. Entonces, al ver cómo tu

paleta y tus pinceles se secan a causa de una sirvienta que se
ha sumido en la melancolía y que, tan pronto como abre la boca, escupe enfermedad y pobreza, he tomado una decisión: iré
a un notario y contaré lo que oí, lo de los 160 florines y lo demás; el notario escribirá, yo firmaré con una cruz. Por tu bien,
para que nadie crea en un abandono desagradecido.

Dices que ninguna sirvienta daría testimonio, y que sólo
puede tratarse de la puta que vive con Rembrandt y de la que
habla Geertje Dircx. Respondo que si eres convocado de nuevo, mis palabras te ayudarán en la Cámara de Asuntos Matrimoniales (¿y cómo podría detenerse lo que Geertje Dircx ha
empezado?) y que careces de buenas razones para impedírme-
lo. Muy para mis adentros, me digo también, muy bajito, que
al testificar estaré diciendo a todos que la criadita se acuesta
con el señor. No por puta, sino porque lo ama y se siente dichosa, y sólo quiere su bien. No sé decírtelo, por eso prestaré
declaración.

En el espejo con marco de ébano de tu taller, me recogí
bien los mechones de cabello sueltos bajo la capucha del huik.
Te besé. Nos besamos largamente. Luego, me dirigí, evitando
los charcos de agua, a la notaría de Jacob de Winter. Frente a
él, en su despacho de vidrieras que no proporcionan luz, dije
que no conocía las letras. Él respondió diciéndome cuánto valía el tiempo que dedicaba a escuchar. Yo llevaba preparado el
dinero, le pagué y él escuchó. Él preguntaba y yo respondía, y
su pluma rasgaba el papel. Le hablé de tu oferta, 160 florines
al año, y de que la ayudarías más si era necesario o en caso de
enfermedad, y que Geertje Dircx no aceptaba nada de ti, tu generosidad. Oculté la ruptura de la promesa de matrimonio que
había motivado la convocatoria, su mentira.

El notario escribió, y luego leyó mis palabras escuchadas
y reescritas por él. Era como un contrato que Geertje y tú po-
díais firmar. Tomé la pluma que me tendía el hombre de negro, bajo sus letras estampé mi cruz, los dos trazos bien rectos, de arriba abajo y de izquierda a derecha.

Regresé sin la capucha, con el rostro levantado hacia el cielo gris. La lluvia rebotaba y se deslizaba por mis mejillas, me lavaba de la sucia palabra de Geertje Dircx, que lograría olvidar. Más alto que el tejado de las casas, el mástil de un navío paseaba su sombra sobre los gabletes, cuya medida daba. Entre el rumor de la lluvia, a algunos canales de distancia, las ruedas de la carroza dorada y los cascos del caballo del hombre de negro golpeaban los ladrillos mojados. Se acercaban demasiado deprisa, pero luego su camino se desvió y el repiqueteo se fue alejando.

A Jan Six le gustan los artistas, es aficionado a la pintura, me dices, pellizcándote los labios para hacerme reír. Incluso él mismo se cree artista, ha escrito una obra teatral, una Medea; me dices que reflexione sobre la desgracia fatal. Sin embargo, esa mujer que degüella a sus hijos cuando su marido la deja por otra, aun cuando conozca antes y después las más intensas llamas del dolor y del infierno, esa mujer…
Jan Six te pide el favor de dos grabados para el texto de su obra. Para trazar un ruidoso plumeado, el buril ha arañado el barniz del cobre hasta alcanzar el metal dorado. En la sombra, con un puñal brillante en las manos, ha aparecido Medea. Pese a la juventud de Jan Six, Uylenburgh lo llama coleccionista. Ya te ha comprado algunos cuadros. Un coleccionista es, pues, un comprador a quien un artista hace regalos y que los acepta. Pese a sus amistades en la ciudad, sólo en tres ocasiones se ha representado su Medea, tres veces han bastado para que se conozca el talento de Jan Six. Te pellizcas los labios para hacerme reír.

Si los gusanitos se dan la vuelta, no verán a su espalda (al igual que delante) sino negrura, pues los túneles que excavan no son rectos, ondulan tal como hacen ellos, según la contracción de su cuerpo en ese momento. Por eso necesitarán largos años para devorar y atravesar la gruesa viga de madera.

Jan Six llama a la puerta de la Breestraat. Abro, ya no retrocedo hacia las sombras, mantengo el rostro inclinado hacia el delantal. Ni siquiera a pleno sol lograría verme, nunca ve a las sirvientas, o apenas cuando mi mano toma su capa, que tiende al vacío. No pregunta si estás en casa, sabe que, a menos que acudas a una venta de arte, nunca posas tus pinceles antes de la noche. Se encamina a la escalera, sube al taller. De pie en el vestíbulo, con su capa colgada del brazo, lo miro, joven ágil y apuesto que se aleja.

Cree que tu buena acogida se debe a la amistad, ignora que es por cortesía y por tu bondad. Ante ti, se erige en protector, se llama a sí mismo mecenas; y tú finges creerle. Eres muy tolerante con Jan Six, demasiado, en mi opinión, pero no lo digo en voz alta. Creo que le profesas cierta pena, desearía hasta tal punto hacer del arte su vida y dejar alguna huella tras su muerte… Tú sueles decir que los compradores no se regalan un retrato, sino la eternidad. Aun cuando el sol ya no gira alrededor de la Tierra, nada amenaza esa eternidad, la del arte por lo que respecta al tiempo de un cuadro; con una buena cola fuerte para aprestar la tela, varios cientos, tal vez miles de años.

La segunda citación de la Cámara de Asuntos Matrimoniales la rasgas como hiciste con la primera, quizá más deprisa; y pagas la nueva multa de tres florines.

Cada día un poco más, me voy instalando en mi nueva vida, que es la tuya. Cambio las cosas de sitio en la cocina según me place, la miel y las frutas confitadas en el cajón de las especias y del jengibre, y en el anaquel vacío ordeno mis tarros de barro llenos de licores, polvos y ungüentos que curan. Fue la comadrona de Bradevoort quien me lo enseñó. Venía de nalgas cuando salí de las tinieblas y de las entrañas de mi madre. Sin esa mujer tal vez habría nacido muerta. Y seguramente también mi madre habría muerto. De no ser por ella, habría matado a mi madre sin jamás llegar a saberlo.

No hay nada escrito en los tarritos, pero cada uno es de un tamaño distinto, así que no puedo equivocarme. Salvo la peste, puedo curarlo todo. La peste se mantiene a raya con azogue*, y sobre todo con plegarias.

También es posible librarse de ella cuando aún se está a tiempo; una vez que has visto los bubones de un moribundo, es demasiado tarde. La última noche antes de mi partida, mi madre bendijo el mayor de los tarros de barro, el que guarda el vinagre de los cuatro ladrones. Agregar a un buen vinagre un puñado de ruda, un puñado de menta, otro de ajenjo, un pellizco de romero y un puñado de espliego. Dejar en infusión durante ocho días y luego disolver en ese licor una onza de alcanfor. Sumergir una esponja en la mixtura y frotarse con ella la boca, las ventanas de la nariz y todas las extremidades del cuerpo. Cuando la epidemia se declaraba, todos se preservaban con ese buen vinagre; al mismo tiempo, los cuatro que daban nombre al remedio robaban en otras estancias.

Del más pequeño al más grande, coloco los tarros en una línea bien recta, el azafrán, el vino de China, la tintura de áloe, el licor de genciana, la nuez de mirra, el aceite de enebro. Y la vulneraria, que cura todas las heridas y que todo el mundo conoce (incluso en la ciudad), la bola de musgo lavada sobre el cráneo de un ahorcado, mezclada con dos onzas de sangre humana, una punta de manteca de cerdo, aceite de linaza y azafrán.

He depositado en la mesa la gran fuente de cobre. Humeaba, olían bien las manos de ternera y las tripas con guisantes. Titus habla muy serio a su padre. Repite que debo aprender a leer. Quiso enseñarme el abecedario, pero las letras empezaban a bailar sobre el papel, el sueño se deslizaba

* Antiguo nombre del mercurio.

sobre mis párpados y me entraba en los ojos. Por el bien de
las palabras, Titus se enfada. Rembrandt se echa a reír porque no cree en ello, dice que las palabras jamás serán tan sa-
bias como la pintura.

Titus ha lanzado un grito. No la habíamos oído entrar con
su llave y allí estaba Geertje Dircx, con las gruesas manos posadas planas ante nosotros y el cuerpo inclinado hacia delante. Debido a la maldad y a la venganza, su rostro ha envejecido y enrojecido. A la luz temblorosa de la vela, la nariz y la
barbilla, pegajosas, palpitan, y en otros puntos, briznas de piel
rasguñada le caen de la cara. Y toda la grasa de la cabeza pesa y
cuelga allí donde los huesos ya no la retienen. Visto desde
nuestras sillas, su rostro está hinchado de aire, sobre todo debajo de los ojos. Los párpados han perdido su contorno, el derecho mantiene el ojo medio cerrado. Sólo la boca, llena de palabras, sigue viva. Los labios aparecen abultados y forman
nudosidades.

—… Veo que aquí se come bien y reina la felicidad…

—¿Quieres sentarte y…?

—No, Rembrandt van Rijn, nunca más en tu casa.

Geertje suelta una especie de risita, un gemido. O quizá
se trate de un eructo. Inclina un poco más hacia delante la grasa del rostro, con los ojos clavados en los de Rembrandt.

—… El anillo de Saskia —dice, fabricando las palabras
con la lengua—, el anillo de compromiso con un diamante, la piedra que detiene la epidemia, tu promesa de matrimonio…

—Ridículo —replica Rembrandt—. Nadie te creerá.

—El anillo de la mujer perdida y añorada, ¿se lo habrías
entregado a una sirvienta, sólo para darle las gracias por su trabajo?… Es a ti a quien no creerán, Rembrandt van Rijn.

—¿Dónde está el anillo?

Geertje esboza una sonrisa. Sólo una.

—Allí donde se encuentra no puede pasarle nada.

Su risa se quiebra detrás de los dientes. Rembrandt aguar-

Sylvie Matton   57

daba. Sin hacer preguntas, Titus se había sentado en mis rodillas, ocultaba el rostro en mi delantal a fin de no ver la cara
abotargada de Geertje, que no reconocía. Sobre el mantel, la
fuente de barro ya no humeaba. Una después de otra, Judith y
Geertruid se habían levantado como para dirigirse a la cocina;
y no habían vuelto. Desde ambos lados de la mesa, Barent y
Nicolaes se miraban; en el mismo momento echaron atrás la
silla y salieron de la estancia.

—¿Con qué crees que sobrevivo, Rembrandt van Rijn?
Después de todos estos años dedicados a tomarte de la mano hasta la salida del sol, a cortar en tu plato la carne y las
verduras, y casi a metértelas en la boca para ahuyentar de
tu cabeza la muerte; a alimentar a tu hijo tras haber masticado para él, a limpiar con un trapo lo que salía de su cuerpo y a soplar durante noches enteras sobre nueces llenas de
cabezas de araña posadas en su pecho a fin de bajarle la fiebre. Después de todos estos años, me encuentro en la calle, vieja y enferma me ves y lo estoy, y en la calle. —Mi-
rándome de soslayo con un solo ojo, añade:— Así es como
el pintor Rembrandt se ocupa de sus sirvientas cuando no
son putas.

Sofocada por mi silencio, podría desvanecerme. No decía
nada, ni diría nada. Sólo miraba a Rembrandt, que ella supie-
ra que, al no verla, no la oía y que, transparente, acaso ya no
me encontraba en la estancia. Sin embargo, no desaparecía, y
el ojo de Geertje Dircx no me olvidaba.

Su cuerpo y su boca se torcían.

—Sí, en el monte de piedad he empeñado el anillo de Saskia. Ya no eres tú, sino ella quien ahora me ayuda a vivir.

Tú no permites que la cólera crezca en ti, sobre todo, eso
no. Dices que lo desempeñarás, que a su muerte Titus recu-
perará el anillo de su madre. Que hay que poner fin a tanto
ridículo y que irás a la Cámara de Asuntos Matrimoniales.
Pides a Geertje que devuelva la llave de la casa, pues ya no
la necesita y no puede entrar como si todavía viviera en la

casa. Y como menease la cabeza, te has levantado y has con-
torneado la mesa. Para no perder la calma, te desplazabas
lentamente. Es ancha y gruesa, la nada hermosa y gorda
Geertje Dircx, pero cuanto más te acercabas, más crecías y
más fuerza ibas adquiriendo. Has adelantado el brazo hacia
el bolsillo que sus manos protegían. Ella ha lanzado un fuerte grito.

Más tarde, esa noche, con mi cara entre tus manos, me mi-
raste con semblante grave. Me pediste perdón y (como no
había nada que pedir) me apresuré a besarte. Dijiste que era
un secreto, un doble secreto, dijiste. Pero que no los tendrías
para mí.

—Sabes que Geertje Dircx sirve para llevar bien una casa pero que jamás ha dirigido una mirada a la pintura y no es
mujer para mí. Sabes, porque la conoces y me conoces a mí,
que jamás le propuse matrimonio. No lo hice, y jamás lo habría hecho, por otra razón que ignoras. Y es que no puedo
volver a casarme.

Un zumbido de insectos rondando mis oídos, o acaso
dentro. Ya no es de Geertje Dircx, sino de mí de quien habla Rembrandt, se trata de mi vida. Lo amo, lo sé, y no sé
decirlo. Hay días en que, sin moverme, escucho los ruidos
del techo, que es también el suelo de su taller. Cuando chirría un poquito, es porque, sentado en su silla, dobla una
pierna y tira de la otra. Al cabo de silencios que pueden du-
rar horas de ampolleta*, se levanta, sus pies se dirigen pe-
sadamente hacia la puerta. Apenas unos pasos y se abrirá,
entonces me llamará, tendrá hambre o sed o dolor de espalda. O ganas de verme. O bien bajará la escalera. Transcurridos unos segundos lo veré, los latidos bajo mis senos sue-

* Tiempo que tarda la arena en pasar de una a otra de las dos ampolle-
tas de que se compone el reloj de arena.

nan de modo diferente. Es eso, lo amo, cierro los ojos, un gran hueco aspira mi vientre y las yemas de los dedos me hormiguean.

—En su testamento Saskia me pide que deposite veinte mil florines para Titus en la Cámara de los Huérfanos si vuelvo a casarme, la mitad de nuestras posesiones conjuntas de entonces. Desde hace algunos años ya no dispongo de ellos, ni siquiera de la mitad. La culpa la tienen las sombras en mi pintura, mis compras, el dinero, que se vuelve cobarde y se oculta. Es la prueba de que no podía prometer matrimonio a esa pobre loca, pero no puedo decirlo, eso equivaldría a confesar que conseguir dinero se ha vuelto más difícil, supondría no poder vender ya mis cuadros al mismo precio. ¿Lo entiendes?

Dije que sí, que lo entendía. Comprendo, sobre todo, que Rembrandt no puede volver a casarse. Muy cerca de mi cara, miro ese rostro de hombre que la vida (y las pesadumbres que conlleva) ya ha hundido e hinchado. Miro sus ojos, su bondad. Sé que mi existencia está ahí.

Entonces, a la tercera citación, recibida una semana después de la segunda, Rembrandt dijo que había que acabar de una vez. Se dirigió al Dam, del Dam hasta el Ayuntamiento, y allí, por la vieja escalera roída por la miseria, hasta la Cámara de Asuntos Matrimoniales. Suspiraba por lo absurdo de aquello, pero tanto odio y venganza acaban cansando. Le impedían trabajar, incluso amarme. Firmaría. Y me lo contaría a la vuelta.

Con la barbilla temblorosa y esgrimiendo palabras subidas de tono, Geertje dijo al notario Laurens Lamberti que Rembrandt le había propuesto matrimonio, la prueba era el anillo adornado con un diamante, que salva a la novia de la epidemia. Y que había dormido con ella varias veces.

Matrimonio nunca, respondió Rembrandt, a quien nada

obligaba tampoco a confesar que había dormido con aquella mujer, pero ya que era ella quien lo afirmaba, que lo probase. También habría podido decir: «No, nunca he dormido con esta mujer». Sin embargo, la habría matado un poco más de lo que lo estaba haciendo la enfermedad; y también algo de sí mismo ante el espejo.

A continuación, dijo que sí a todo. No quería discutir de dinero. Quería que todo acabase y que Geertje sanara de su enfermedad. Entregaría 200 florines allí mismo, que se instalase en un sitio aseado y que desempeñara el anillo que un día debía serle devuelto a Titus. Y no 160 florines, sino 200 al año hasta el fin de la vida de Geertje Dircx, desde luego no más allá. Y si caía enferma o tenía cualquier otra necesidad, durante toda su vida Rembrandt le daría lo necesario.

Laurens Lamberti dijo que el ofrecimiento resultaba generoso. Rembrandt replicó que ello traducía su agradecimiento, durante siete años lo había ayudado a sobrevivir, y a su hijo a crecer. Siete años, y hoy era una nueva vida. El notario mojó la pluma en la tinta y se la tendió a Geertje.

Ella toma la pluma, el brazo se detiene un momento en el aire. La mano suelta la pluma sobre la mesa. La boca se tuerce y afirma que Geertje Dircx no firmará. Que Rembrandt mantenga su promesa y se case con ella. Silencio. Con los ojos en blanco, lo repite más fuerte. Suspiro. Rembrandt baja la cara hacia la mesa, el notario de la Cámara de Asuntos Matrimoniales intenta hablar, pero Geertje Dircx, con el rostro encendido, repite lo mismo. Las lágrimas le resbalan hasta la boca. Que nunca firmará, que Rembrandt habrá de casarse con ella, que nada de 200 florines sino el matrimonio.

Ante aquella escena, el notario llegó a la conclusión de que los celos habían recalentado los sesos de Geertje Dircx. Y quizá también el fuego del diablo. Que el matrimonio, la promesa rota, y que nunca en paz, nunca con su puta. Rembrandt se miraba las manos, el notario se puso de pie, el rostro acalorado de Geertje Dircx ya no veía, ya no oía.

Los dos hombres del reformatorio la sujetan por debajo de los brazos; como si la hubieran sangrado, grita como un cerdo durante la matanza. Se la llevan. Al extremo del largo pasillo sigue vociferando que Rembrandt se casará con ella y que jamás disfrutará del anillo en paz, que se casará por la fuerza y que nunca vivirá feliz con su puta.

1650-1654

Betsabé está sentada sobre un almohadón, con el rostro inclinado hacia el suelo y la carta del rey David en la mano derecha. La quiere a su lado a la mayor brevedad, que se reúna con él, es una orden. Quizás el rey David le dice asimismo que la desea desde que la vio tan hermosa en el baño. Ella ha leído la carta fatal y su mirada ya está ausente. A la izquierda, contra el bastidor, inclinada sobre sus pies, la vieja criada la purifica antes del sacrificio. Con los ojos perdidos en el futuro, Betsabé no mira nada. Yo no miro nada. No hay nada escrito en la hoja en blanco que sujeto en la mano derecha (y si hubiera palabras no sabría leerlas). Has desprendido algunos mechones del moño que me recoge el cabello en la nuca, los cuales perfilan mi rostro. Detrás del lienzo oigo tu pincel que lo acaricia y que hurga en la pasta. Levanto la cabeza, te sonrío. Mis brazos se apoyan en el aire, recupero la postura.

En el lecho tibio, Rembrandt se despereza largamente. Hasta más tarde que los demás días, descansa en la casa silenciosa. Titus y los discípulos duermen todavía. A las ocho de la mañana, cada séptimo día, me dirijo sola a lo largo de los fríos canales hasta la Oude Kerk. Antes de dejar la Breestraat, masajeo los hombros y la espalda de Rembrandt, cuento los huesecillos del centro y aprieto en el sentido de la carne. Porque levantar un brazo (siempre el mismo) durante horas en-

teras en sus largas jornadas de pintura, porque pintar supone
un sufrimiento. Me digo que es un poco de las atenciones de
que me colma todos los días lo que le devuelvo.

En la mesa de la cocina he depositado los cuencos, los platos
y los bocks de cerveza del desayuno. Rembrandt sacará la leche y
la cerveza, el pan, los quesos y los arenques. Si Titus baja a tiempo, su padre le servirá. Juntos jugarán con la luz de colores que pro-
yectan las vidrieras. Luego subirán al taller. Arrugando un poco
los ojos ante su caballete, Rembrandt descubrirá, como si jamás lo
hubiera visto, el cuadro empezado. Elegirá el primer pincel del día;
despegará los pelos entre sus dedos, los alisará, comprobará su brillantez y su flexibilidad. A la luz atravesará la transparencia de los
aceites, luego presionará sobre las vejigas de colores.

La brocha hurgará en la paleta y trasladará la pasta al lienzo. Primero a la paleta y luego al lienzo. Hasta la noche. Todos los días de su vida. No acude al templo; sin embargo, habla con la luz y responde a Dios. Cuando arruga los ojos.
Todos los días.

El hombre de negro predica desde lo alto del púlpito. A sus pies,
los hombres y las mujeres le vuelven la espalda, los murmullos
se responden unos a otros en círculos. Con la cabeza alta, la vergüenza no va con ellas, las mujeres con vestidos de color cuchichean entre sí detrás de sus pendientes, que se balancean en los
destellos de luz. Con el rostro colorado y estrangulado por la gorguera, los hombres vestidos de terciopelo y raso negros tantean
con la mano plana la curva de su vientre, tan hinchado como su
bolsa. Veo la grasa del exterior, imagino la del interior, y vuelvo
la cabeza para no vomitar. Cuanto más se enriquecen, más en-
gordan. Contra una columna brama un bebé tragón que la madre
se pasa lo más rápido que puede de un pecho a otro. Algo más allá,
en una sombra más secreta, ante una losa que el sepulturero ha
hecho pivotar, en la negrura sin fondo de una vieja tumba que espera a un cadáver nuevo con el que los gusanos todavía no se han
ensañado, detrás de la pala, detrás de un cráneo desprovisto de

carne que ha rodado por una losa próxima, dos perros raspan las osamentas. Cruza una rata. Los perros gruñen. ¿Es posible que sus gañidos y su cálido aliento despierten a los gusanitos que duermen, ahítos, entre el polvo de los hombres?

El hombre de negro se inclina hacia los ricos y los pobres, los que gozan de buena salud y los enfermos, reunidos en el templo para oírlo. Atemorizados por un momento, alzan la mirada hacia el predicador y hacia la cólera de su boca desdentada.

—¿Cómo es posible que el pueblo de Dios se engalane hasta ese punto y acuda al oficio vestido de raso, de brocado y de damasco labrados con oro y plata?… Vociferad, habitantes del Mortier, pues el pueblo de los mercaderes ha sido aniquilado, todos los pesadores de plata han sido exterminados.

Como si se insultasen, con los belfos respingados, los dos perros ladran. Plantan los colmillos en un hueso muerto, cada uno a un extremo del largo tubo, con las patas tensas, afianzadas al borde del vacío; tiran, sacuden furiosamente la cabeza, saltan hacia un lado y luego hacia el otro, no dejan de mirarse con ojos enloquecidos. Con los belfos cada vez más temblorosos y humeantes, se amenazan con todos los colmillos alrededor del hueso. Hasta que los asistentes, olvidados de la cólera de Dios, prorrumpen en una risa divertida.

Cuatro carrozas circulan por las calles de Amsterdam. Han sido fabricadas en Francia para los príncipes. El hombre de negro cuyo caballo galopa, dorado, por las callejuelas de la ciudad es el doctor Tulp. Es él quien corta y abre los cadáveres, me lo ha dicho Rembrandt. Con su apellido robado al tulipán*, acude más veloz y menos embarrado a visitar a sus ricos enfermos.

* El verdadero apellido de Tulp era Pietersz (que significa «hijo de Peter»). El apellido, con su peso administrativo, no existió hasta después de Napoleón. Es sin duda alguna la moda del tulipán lo que influyó en tal elección.

Rembrandt ha colocado en los caballetes los cuadros del año pasado que nunca terminó. Con el cuchillo hace saltar las costras de la paleta. Después del proceso, una vez Geertje Dircx fue llevada al hospital de Gouda, lentamente iba librándose de las tristezas que el odio había resucitado. Lentamente iba olvidando. Dicen que en Gouda someten a tratamiento a los locos. No dicen que se curen.

Yo sólo salía de casa los días de mercado, los martes y jueves, y el séptimo día para acudir al templo. Es Judith quien lleva a Titus a la escuela y lo recoge a las cuatro. Sobre todo, evito que mi mirada se cruce con la de los transeúntes, clavo la vista en la calle ante mí. A mi espalda, oigo o adivino. Los cabeceos, y la palabra que las sonrisas murmuran. Rebota en los ladrillos, la arrastro a mi espalda en los pliegues de mi vestido.

Rembrandt no me ha desposado. No se casará conmigo. Hablaba de ello algunas veces, pero ahora nada va a cambiar. Lo supe muy pronto.

Una mañana de lluvia, con la cesta a rebosar de rábanos y quesos, caminaba con lentitud. Con lentitud hacia el hombre empapado de lluvia que me aguardaba cerca de la puerta. Abrió la boca y me espetó: «¿Sabéis cómo llaman en mi tierra a un viudo que se encapricha de la criada?».

Aunque hubiera querido replicar, no habría podido. Era el aire o la voz lo que me faltaba, o bien ambas cosas. La palabra chisporroteaba en mis oídos, con el mismo ruido que hacen las tripas al verterlas en aceite hirviendo. Se abren como flores venenosas y dejan que se desprenda el hedor. Jamás había visto a aquel hombre. Tenía la misma edad e idéntica tez colorada que mi padre, y al igual que él, había macerado en cerveza. Su acento era de Frisia.

—Dicen que ha defecado en su sombrero antes de volvérselo a poner en la cabeza.

Se echa hacia atrás, al reír exhibe todos los dientes.

Un golpe de aldaba en la puerta de la casa que ahora llamo mi casa. Sobre todo no sacar la llave, aun cuando cuelgue, junto con las del patio y la bodega, de una cadena que me rodea la cintura. Tenía miedo. Finalmente, logré articular algunas palabras, pregunté al hombre por qué. Quería ver a Rembrandt. Pregunté por qué, y la puerta se abrió.

El hombre se llama Peter Dircx, es el hermano de Geertje Dircx. Habla de arreglos y del coste del hospital de Gouda. Que hay que pagar y que se la quedan. Sí, para curarla, desde luego. Que Rembrandt entregue el dinero a su hermano, resulta más fácil que éste administre el dinero de su hermana, más fácil para el momento de su regreso, cuando esté curada. Su sonrisa afirma que no cree en esa posibilidad, tal vez ni siquiera lo espera. A su marcha me estrechaste con fuerza contra ti. Nunca más las muecas y las palabras sucias, nunca más el nombre de Geertje Dircx o de su familia.

El coleccionista Lodewijck van Ludick viene a cenar algunas veces. Te conoció en la época de Saskia, es amigo tuyo y de tu pintura. Dice que las obras circulan entre manos que sólo están de paso en la tierra, y que esas manos jamás las poseen; sostiene también que el arte siempre sobrevive al aficionado, que es el arte el que lo posee y no al revés. De tanto como le gusta (a su paso por la tierra) coleccionar, quiere convertirse en marchante. Has tratado de moderar sus ansias objetando que el arte destinado a sobrevivir largo tiempo nunca responde al gusto del momento, que el arte que a él le gusta no es el que meramente simula serlo y que la posibilidad de fracasar siempre constituye un peligro para las almas honestas como la suya.

Concluido el ágape nocturno, a la luz temblorosa de las velas, Rembrandt, como todos los holandeses, lee el libro sagrado. Yo lo observo y lo admiro. Dios lo ha elegido para pintar Su luz. Y él me ha elegido a mí. Judith afirma que es mi sino.

Yo digo que si Dios me ha destinado a acompañar a Rembrandt y su trabajo, todos los días estaré a su lado, todos los días de mi vida o de la suya (según quién muera primero, Señor, protégenos), para procurar su bien, el de Titus y lo mejor para nuestro hijo que ha de nacer. Y posar rodeada del olor a trementina.

Tal como ocurre dos o tres veces al año, bajo la bóveda del templo, la mesa ha sido dispuesta ese séptimo día, cubierta con una tela de brocado rojo. Uno después de otro nos hemos sentado a la mesa del Señor, uno tras otro hemos tomado el pan que ha partido el predicador. Tomad y comed. Éste es Mi cuerpo. El sacrificio de Jesucristo es único, por los siglos de los siglos. Fue realizado para nuestra salvación. Es el pan viviente que descendió de los cielos. Lo entrega por la vida del mundo, es Su carne. El que coma de ese pan vivirá eternamente.

Yo no engullo ese pan, lo mastico largo rato. Es dulce, se deshace en mi boca. Mi cuerpo recibe el cuerpo de Cristo para alimentarse con él. A continuación, tomo la copa de estaño de manos de mi vecino de la izquierda, echo la cabeza atrás, dejo que el vino de mi Iglesia colme de sabor mis labios. Tiendo la copa a mi vecino de la derecha. Es la sangre de Cristo, entregada de una vez para la redención y el perdón de nuestros pecados, por nuestra existencia actual. Me lo trago.

He abierto la puerta y al instante lo he reconocido. Me habías hablado de tu hermano Adriaen, pero no de su cara. La actitud que manifiesta desde siempre, sobre todo desde la muerte de vuestro padre, y más tarde de vuestra madre. La vida de un molinero de Leiden gira en torno a las estaciones, las cuentas, las malas cosechas y las cucarachas. No así la de un joven pintor que goza de cierta reputación en Amsterdam. Por eso, hace diez años, cuando, con sus malhumores y sus remilgos, se encontró en dificultades, pediste a tu hermana Elisabeth que no te incluyera como hermano en su testamento.

Era Adriaen. Lo he reconocido enseguida. Su mirada perdida en la distancia, los surcos de su frente, sus labios curvados hacia abajo, más tristes en las comisuras. Su voz suelta las frases como a regañadientes. Has dejado a un lado el pincel y has bajado la escalera. Con los brazos abiertos, le pides noticias. Vuestra hermana Elisabeth se aleja cada año un poco más, siempre ha sonreído a la vida, jamás se acuerda de la tristeza. Me has presentado como Hendrickje, y he besado a Adriaen como se besa a alguien de la familia. Prometes ayudarle en estos momentos difíciles, le darás dinero. No mucho, porque tampoco para ti el negocio anda muy bien.

De pronto, en mitad de una frase, das un paso hacia tu hermano. Le tiras del brazo para que avance y se vuelva hacia ti. Su rostro entra en la luz naranja de una vidriera, la que hay en tus ojos se ilumina. Me has olvidado, ya estás arrastrando a Adriaen tras de ti, por la escalera hacia tu taller, los pies más veloces de lo habitual. Conozco esa mirada, la veo de vez en cuando y el tiempo se detiene, como el primer día del primer cuadro. Es como un rescoldo que blanquea tus ojos, se trata de una visión. Ya estás viendo la pintura, el pincel que rebota en el lienzo la reconoce ya.

Dos horas de ampolleta después, he subido al taller con los panes, los arenques y la cerveza tibia. Abro la puerta muy suavemente. Los ojos de Adriaen se pasean por el suelo entre las manchas de pintura, siempre recorren el mismo camino. En su rostro inexpresivo, la sed ha secado los labios. Lleva en la cabeza el casco de cobre embutido y cincelado, espejo de oro que atrae la luz para quemarla con mil fuegos, antes de enviarlos de nuevo hacia las transparencias. Adriaen pregunta cuándo podrá abandonar la postura.

La ballena es un enorme pez que engulló a Jonás. Más tarde, a una orden del Señor, lo vomitó en tierra seca. El mar ha vomitado una ballena en la playa de grava frente al puerto de Amsterdam. A grandes trancos sobre sus zancos, los niños de la ciudad llaman a las puertas. Tocan tambores, corren, gritan y cantan. Una ballena que se ofrece a los hombres es un mensajero de Dios. Lo sé. De rodillas lo sé, que Dios, en su misericordia, tenga piedad.

Me has dicho: «Ven, vamos al puerto. He limpiado mis brochas y mis pinceles, no todos los días queda varada una ballena en el puerto de Amsterdam».

Tampoco tú sales todos los días a la luz rosada del puerto, ni, tirando con suavidad de mi mano, que no se atreve, deslizas mi brazo en el hueco del tuyo. Caminamos. Con la cabeza alta, sin hablar, vas diciendo a todos: «Es mi mujer». Y yo, que todavía no sé mirar a los transeúntes a los ojos, sólo te veo a ti. Te sonrío, soy tu mujer.

Nos acercamos, el olor del monstruo, que ya se propaga, arremete contra las ventanas de la nariz. La multitud se apresura. Las tablillas de San Lázaro de los leprosos repiquetean a la sombra de los atrios. Hombres de negro y mujeres con pendientes corren por los gruesos ladrillos de las calles del puerto; los pies resbalan, los tobillos se tuercen. Al verlos, no consigo aguantar la risa.

Más allá de los navíos que se mecen, detrás de sus mástiles, que perforan el cielo naranja, más allá de los guijarros de la playa de grava, detrás del gentío negro y colorista (los ricos y los pobres, pues todos han salido de la ciudad para verla), allí está, allí yace la ballena. Mayor de lo que la imaginación pueda concebir. Mayor de lo que la mente puede soportar. Criatura del demonio. Al igual que hacen otros a mi alrededor, caigo de rodillas. Con el rostro entre las manos. Perdónanos nuestros pecados, Señor, concédenos Tu clemencia. No nos dejes caer en la tentación, mas líbranos del Maligno. Como la ciudad de Nínive, Amsterdam se arre-

pentirá. Separo un poco los dedos para entrever al monstruo, trozos de ballena tras un abanico de gruesas columnas
de color rosa. En las fauces del devorador de profetas, en su
poderosa mandíbula, el demonio ha plantado grandes dientes puntiagudos.

Jonás quiso eludir la orden del Señor, y más tarde, en la negrura del vientre del pez, rezó, Lo llamó con toda su alma, y el
Señor lo salvó; Jonás viajó desde el pecado hacia la redención
de su alma, de las tinieblas hacia la luz, del agua hacia la tierra
seca. Una ballena varada es una señal de Dios. Surgido de sus
entrañas, prolongado y profundo, un suspiro gorgotea, un
arroyo de fango espumoso fluye de las fauces abiertas.

Rembrandt avanza hacia el monstruo. Yo me pongo de pie
y lo alcanzo. Hombres y mujeres, ricos y pobres, incluso los
leprosos, prorrumpen en carcajadas. Unos hombrecillos han
escalado el enorme cuerpo viscoso y patinan encima. Palpan
la grasa del animal tanto con los pies como con las manos, se
tapan la nariz, se golpean los muslos. Son tan gruesos como
lo que ceba su bolsa. En torno a sus huesos, fabrican alimento
con el que los gusanitos que viven bajo tierra algún día se sus-
tentarán. Roscas de grasa. Su rostro colorado exhibe todos los
dientes; no cabe duda, gozar de tantas posesiones es la señal
de que Dios los ha elegido.

Sin siquiera haber preparado los barcos ni a los pescadores, sin haber arriesgado su dinero ni vidas humanas, sin haber conocido el peligro de las capturas en el mar, los mercaderes de aceite de ballena también hoy se han enriquecido. Hasta
reventar como globos de tripa. Dios es bueno con ellos. A menos que se sirva de ellos, de sus pecados y sus vísceras, para
acrecentar Su venganza, el Diluvio que algún día (desconoci-
do en el tiempo, ni lejano ni próximo) anegará las Provincias
Unidas y a sus habitantes.

Las fundiciones de grasa cocerán día y noche. Toda la
ciudad apestará al olor del demonio. En las plegarias, sabremos que los ricos no creen que les será difícil entrar en el

reino de Dios; sabremos asimismo que la señal de Dios está a punto de derretirse. Y puede que también Su cólera y nuestros pecados.

Gritos y risas alrededor del monstruo. Sirviéndose de un bastón, dos hombres con sombrero negro miden la verga de la ballena, cuya longitud resulta tan, tan increíble que no he creído lo que veían mis ojos. La cifra aumenta, repetida de boca en boca, se infla hasta llegar a nosotros. ¡Catorce pies de verga!... Catorce pies, repite delante de mí un hombre de negro. Habla detrás de los dientes apretados. Lentamente, vuelve su perfil de cuchillo hacia su vecino. No nos ha visto. Reconozco de inmediato al hombre de la carroza dorada. Rembrandt se inclina hacia mi oído: «Es él, el doctor Tulp».

Jan Six te hace una visita. Sigue sin verme cuando, con la cara al sol, tiendo el brazo hacia su jubón. ¿Era consciente de que lo oiría? ¿Lo deseaba? La puerta del taller estaba abierta de par en par, Jan Six se hallaba ya en el primer escalón.

—... también yo estoy afligido, creedme. Sin embargo, la sociedad amante del arte os volverá la espalda si os complacéis de ese modo en frecuentar a personas de baja condición. La buena sociedad siempre se entera de lo que no debería saber. —Ríe.— Acostarse con la sirvienta no es una falta si se hace sin mediar proceso ni escándalo. —Ríe—. Recordad cuán dichoso era Descartes con la suya y con su pequeña Francine, y sin embargo, jamás contrajo matrimonio con ella.* —Ríe.— Podéis estar seguro de ello, Rembrandt, esa ruptura de promesa de matrimonio que lleva meses en boca de la ciudad su-

---

* Descartes tuvo relaciones amorosas ilícitas con Helena Jans, una sirvienta del librero en cuya casa de Amsterdam residió en 1634. Quedará muy afectado tras la muerte, en 1640, de Francine, la hija de ambos, nacida en 1635.

pone un perjuicio para vos y para el comercio de vuestro arte. Ahora bien —y al decir esto adopta un tono demasiado melifluo—, el olvido se impondrá poco a poco. El tiempo habrá de borrar el error.

Judith dice que el esperma crudo de la ballena protege la piel del viento y de la acción del tiempo y previene las arrugas. Todas las mañanas, una vez vestida, ante el espejo de nuestro dormitorio me peino el cabello. Como si cada año el tiempo pasara más deprisa, al otro lado del espejo mis ojos brillan como brasas al fondo de sus cuencas. Son los estragos del tiempo y del cansancio. Frunzo los labios en forma de beso y al instante se agrietan sobre la superficie helada. Los huecos de mi cara se han oscurecido, la nariz está tirante, más puntiaguda. Pese al esperma de ballena de Judith, no son muecas lo que las finas líneas trazan sobre la piel y que las sonrisas ya no consiguen borrar. El mentón y las mejillas, menos transparentes que en mi recuerdo, están moteados de rosa. Sí, el tiempo pasa más deprisa que cuando se olvidaba de mí.

Tras la visita de Jan Six, he esperado al final del día y he subido a tu taller. Te he dicho: «Quédate conmigo. Me siento tan bien cuando te tengo muy cerca…, tú me enseñas la vida y lo que es importante. Quiero ayudarte si está en mi mano hacerlo. Pero si me convirtiese en un lastre, si por mi culpa tu vida se complicara, entonces…».

Tú te acercas, dulcemente pones un dedo sobre mis labios. La otra mano me acaricia la mejilla, baja a lo largo del cuello, sopesa un pecho, se apoya plana en mi vientre. Pese a tu dedo, pese a tu mano, sin risas y sin muecas, continúo.

—No se correrán las amonestaciones tres veces seguidas. No darás el sí, no me pondrás el anillo en el dedo, no llevaré dos durante la ceremonia, uno en el dedo corazón y el otro en el pulgar. No invitaremos a las nupcias a la familia, los discípulos y los amigos. No beberemos el hipocrás*, no comeremos el pavo real conservado en su grasa ni el capón relleno de albaricoques de Ormuz.

Meneas la cabeza con suavidad y sonríes. Tu mano da vueltas alrededor de mi ombligo. Luego se desliza más abajo, se escurre entre la ropa interior hasta perderse en el vello y forcejear prisionera.

—Saskia dictó su testamento; al ser demasiado joven, no sabía que la vida conlleva cambios, y que los cuarenta mil florines que juntos poseíais entonces, ya no los tendrías diez años más tarde. Ni siquiera la mitad, los veinte mil de la Cámara de los Huérfanos para Titus si volvías a casarte. Saskia siempre quiso tu bien, pero en el momento de la muerte creyó mostrarse prudente. Por primera y última vez en su vida.

Tu mano ha encontrado su lugar, bien pegada al rincón tan calentito. Te colmo de besitos soplados que revientan como burbujas.

—Me hablas de matrimonio, dices que sufres por no mantener la promesa que nunca me hiciste, y que jamás te habría permitido hacerme.

Tu mano se toma su tiempo, está a gusto o bien rebusca.

—Aun cuando hoy tuvieras los veinte mil florines, Rembrandt, no aceptaría que por mí tuvieras que verte privado de ellos —besos burbuja—, me avergonzaría ser yo la causante de eso.

Tu índice hurga el placer, que no tarda en inundarlo. Mis piernas se separan y se doblan, me apresuro a rodearte el cuello con los brazos a fin de no caer, para no resbalar. Cada vez más profundo tu dedo desnudo. Gimo, cierro los ojos. Colgada de tu cuello, como si con un solo dedo me llevaras, mis pies, apoyados en la punta de las uñas, ya no tocan el suelo. Mis labios en los tuyos.

---

* Vino del Rin azucarado en el que se ha puesto en infusión jengibre, canela y clavo.

—La vida que me ofreces contra ninguna otra. La felicidad cerca de ti, Rembrandt van Rijn.

Me besas, me tragas a mí y mi lengua y mi saliva, completamente pegado a mi cuerpo, todo para mí. Allí de pie.

El séptimo día de una luna, el último, un cometa ha atravesado el cielo de Holanda. Otra señal más. Los viejos que han perdido los dientes y ya no salen de casa han abierto la puerta para refrescar la memoria. Durante su larga vida han visto otras advertencias. En el cielo las reconocen. Rezan juntos. La venganza de Dios consiste siempre en la epidemia y la inundación.

En el espejo de tu taller, en el gran espejo con marco de ébano que te ve envejecer, tu dedo sigue las huellas que el tiempo ha grabado en tu rostro. Una boina de terciopelo negro cubre tu cabeza. Sin mentiras has visitado de nuevo las pesadumbres. Con renovado coraje en tu nueva vida, tu cara, muy erguida, contempla el futuro. Tu brocha se sumerge en el aceite de linaza (tu retrato, amor mío, olerá mucho tiempo al ajo que vigila su cocción), vacila por encima de la paleta, como una pala recoge pasta cerúlea y la bate furiosamente en una mezcla oscura que, sobre el fondo más oscuro del cuadro, parecerá clara.

Ya no eres el ahogado devuelto a la orilla y luego a la vida. Rodeándome con tus brazos, de nuevo te duermes sin ginebra. En el vasto taller, las conversaciones y las risas han barrido los olores helados y el silencio. El humo de la piel y los huesos de conejo que se deshacen llena de nuevo el aire de la casa. Resuenan en la escalera las carreras de los modelos (y sus risas sofocadas) ante las bromas no siempre bienvenidas de los discípulos Bernhard y Willem*. Sobre todo cuando intentan comprender mejor el peso de la carne.

---

* Bernhard Keil (1624-1687) y Willem Drost (hacia 1630-1687).

La noche del 5 al 6 de marzo, el agua del cielo hizo crecer los ríos y los canales. El dique de San Antonio fue colmatado a tiempo, justo antes de que las tierras quedaran inundadas. En medio del viento y la lluvia, hombres y mujeres trabajaron la noche entera. Durante toda la noche, las mujeres que no tenían carretilla transportaron el barro en el delantal. Dios nos castigará, nos limpiará de nuestros pecados.

Iremos juntos por el canal hasta la casa de campo de Jan Six. Hubiera preferido no ir. Sobre todo un domingo, sobre todo a la hora del oficio, cuando cierran las puertas de la ciudad. Titus correteará por el verdor y yo, la sirvienta, jugaré con él. No era eso lo que tú querías, pero para ese hombre nunca seré tu mujer. En casa de Jan Six seré la sirvienta, aquella a quien no se ve. Prefiero la mentira que me borra a su mirada, la cual me atraviesa como la hoja de un cuchillo.

He vivido veinte años en el campo, sé que en él se puede contraer la enfermedad de la melancolía. Es una niebla verde que entra en el cuerpo por todos los agujeritos de la piel y que sube a la cabeza para enmohecerla. Por eso se lava con más frecuencia en el campo que en la ciudad. Frotas, rascas, restriegas la herrumbre, que crepita por todas partes. Cuando está bien adherida, bien aferrada, forma bultitos que se retuercen como una familia de gusanitos marrones.

Nos subimos al pontón. En la orilla, el caballo hundía con esfuerzo los cascos en el barro. Amsterdam se fue alejando, el carillón de la Westerkerk se deshilachaba lentamente a nuestra espalda. El canal hendía recto el vasto mar verde que nos rodeaba hasta perderse de vista. En tu cartapacio, tres placas de cobre, punzones y buril, barniz y pincel. Aquellos años, entre las dos guerras, el campo te descansaba la vista, decías; el silencio de los horizontes hasta donde alcanza la mirada, los canales que se cruzan hasta el extremo de la tierra plana, los cielos inmensos y las nubes rápidas, sus sombras que nos envuelven para luego abandonarnos al verde sol.

Cuando sales de la ciudad, nunca te llevas la Biblia. Dios está en todas partes, afirmas. En los canales por los que se deslizan los cisnes, con la cabeza muy erguida sobre el largo cuello, en un puente, un velero, un pescador, en toda esa vida, serena, dices, que tu buril fija en el cobre. Para que también nosotros la veamos tal como Dios la hizo. Sabes verdades que otros no conocerán jamás, las siento ahí, muy cerca. Estoy en tu vida, lentamente va entrando en mí.

Jan Six apoya el brazo en tu hombro. No sé por qué, su gesto me molesta y vuelvo la cara. Sin embargo, no debo prestar atención a lo que siento, siempre me lo repites, y tienes razón, sentir cosas no hace que esté en lo cierto. Cree en la amistad, dices. Él, a quien no le gustan las mujeres y no sabe de amor. Hace algunos años ya viniste a esta casa. Grabaste un retrato de aquel que tanta amistad te ofrecía. Apoyado de espaldas en la ventana, posó en su salón. El perro gañía y saltaba hacia él. El dibujo preparatorio para el grabado no fue del agrado de Jan Six. Demasiado distinto de la imagen en su espejo, al que jamás sonríe, demasiado diferente asimismo del artista que quiere que la gente aprecie y de las obras que habrán de sobrevivirle en la inmortalidad. (Te pellizcas los labios para hacerme reír.) Demasiado campo, los árboles y la pajarera, demasiado natural el perro y las botas. Se cambió de ropa y el perro desapareció, fue echado del salón. Jan Six inclinó la cara sobre un libro. Cerró la boca y arrugó la frente. Se gustó, el grabado fue de su agrado, era el erudito, amigo de las artes y de los artistas, él mismo talentoso autor de una Medea.

El perro gañía y saltaba hacia su amo. En el laberinto de su jardín, Jan Six hablaba a Rembrandt, miraba recto al frente y torcía sin pararse a pensarlo en cada cruce de caminos. A grandes pasos, tal vez quería perderme de vista, pero, lejos atrás, yo llevaba a Titus de la mano; lo sujetaba, él tiraba de mi brazo, quería acariciar al perro. Por eso me quedaba muy rezaga-

da, es el pelaje de los gatos y los perros lo que transporta la peste. Al final, Titus lloró tan fuerte que le solté la mano.

Sin que mediara declaración de guerra, los ingleses han ataca-
do a la flota holandesa. La paz no ha durado ni tres años. Después de los españoles, los ingleses. Esta guerra tendrá lugar en
el agua, se trata de su comercio marítimo contra el nuestro. Los
viejos que a causa del cometa han abierto la puerta se encuentran por la calle. Mascullan entre sus labios sin dientes que si
la guerra se prolonga, se llevará a cabo contra el comercio del
puerto de Amsterdam.

Los gusanitos blancos que pululan siguen cada cual su camino, cada cual su túnel. Lentamente roen la madera. La digieren y luego abandonan a su espalda finos hilillos de ceniza gris.
Siempre avanzan recto hacia delante, por un camino que tiembla. No pueden volver atrás, no sabrían hacerlo. Excavan muy
despacio y luego se hacen una bola para dormir, ahítos de trabajo y de serrín, pacientes respecto de la continuación. Las
hembras ponen huevos. Los abandonan y avanzan. Más tarde,
detrás de ellas un nuevo ejército despertará, y cada bebé gusano, liberado de su envoltura transparente, excavará a su vez un
nuevo túnel junto a aquel que lo vio nacer. De aquí a más de
diez años, cada gusano alcanzará el otro extremo de su túnel.

Dices y repites que estoy preparada para los demás (excepto para Jan Six). Que de tu brazo por la playa de grava, no temía ni a
la ballena ni a la gente. Que, aunque no casada, soy tu mujer, y
que te acompañaré a esa subasta. De tu brazo, me miro los pies,
que avanzan entre los bancos. Adivino las miradas clavadas en
mí y las palabras que juzgan. Sentada al fin, con tu mano presa
entre mis dedos que juegan, levanto la cabeza. Están todos allí,
Jan Six y el doctor Tulp, todos de negro con su terciopelo labra-
do, Uylenburgh y Huygens. No me juzgan, no me conocen,
nunca me han visto, ni ellos ni las mujeres con sus pesados ra-

sos de colores. Recto al frente, sólo ven el estrado al fondo de la
sala, al tasador y los cuadros que presenta el funcionario.

Se trata de un gran paisaje, una tormenta de sombras azules
de Hercules Seghers. Cifras bajas en pequeñas pujas, su precio
aumenta lentamente. Los ojos del tasador pasan veloces de uno
a otro, de una puja a otra. Pegada a la mía, tu pierna da pequeños
golpes contra el suelo; como una fiebre, ahora todo tu cuerpo se
estremece. Meneas la cabeza. La mano que yo sujetaba se escapa.
Entre tus labios, como un gemido, las palabras se repiten, cada
vez más fuerte. Vergüenza. Vergüenza, repites.

—Ciento cincuenta, ciento sesenta, ciento sesenta y cinco florines... —La mirada del tasador barre las filas y roza las
gorgueras blancas.

—Doscientos cincuenta florines.

Es Rembrandt. Es tu voz la que ha arrojado la cifra, pro-
vocando que todas las cabezas se volvieran en sus asientos.
Rostros colorados de ojos redondos. También ceños frunci-
dos, pero no sonrisas, no, aquí no tienes amigos.

La mano de Rembrandt toma de nuevo la mía, comparte,
cómplice, la alegría del momento. Afrontas las mejillas hundidas, los labios endurecidos, los reproches y los juicios. Con
las piernas separadas, hinchas el pecho y te vuelves a izquierda y derecha para sonreír a todos. Aspiras una gran bocanada
de aire: «¡Por el bienestar de mi profesión!...».

Eso es demasiado para los notables, cuya cabeza amenaza
con salirse del sitio. Te miro, estás jubiloso, estás guapo. Piensas
en Hercules Seghers, a quien la muerte arrancó de tu amistad;
en sus investigaciones para imprimir colores en las telas; recuerdas que vendía los trozos de sus planchas de grabados recorta-
das. Para comer. Y cómo una noche de excesiva miseria, la ginebra lo arrojó, con la cabeza por delante, hasta el pie de su escalera.
Me digo que se sentirá orgulloso de ti. Y yo también.

Has insultado la ley y las costumbres, el dinero, que hay
que respetar y que no se regala. Que compra al precio más justo (e incluso muy por debajo), que se presta con intereses, pe-

ro siempre acompañado de la razón. Ese día, los rostros severos que la gorguera estrangula te han condenado. Como era de
esperar, yo finjo que también, bajo los párpados.

Más tarde nos reiremos en casa con Titus. Besaré cada momento de tu rostro; te diré cuánto he amado ese día, cuán feliz y
orgullosa me he sentido de Rembrandt van Rijn, mi marido.

El sol ha calentado la tierra. En el cerezo del patio, los huesos de
los frutos han expulsado a los pétalos blancos de las flores. Judith cuelga del árbol diablos de tela que atemorizan y ahuyentan a los pájaros. Las cerezas engordarán, brillantes como bubones, la piel a punto de reventar, demasiado repleta de un jugo
muy negro. Nunca le he dicho que las cerezas transportan la peste, le gustan demasiado, no me creería. Jamás el diablo, ni siquiera de tela, ha hecho huir a la peste. Vuelvo la cabeza.

Más que un suspiro, se me escapa un lamento. Hago una mueca y doblo la pierna izquierda. Tu rostro asoma entonces por
el lado del bastidor. Bostezo. Es la hora de la tarde en que el
sueño me aturde, en que ya no consigo eludirlo, desde que en
mi vientre nuestro hijo se nutre de mi vida. Dejas la paleta y
el pincel, abandonas a la Betsabé del lienzo, vienes a mí. Recojo la pierna derecha, inclinada hacia delante, reúno mi vida alrededor de ese segundo corazón que late en mí. Levantas del
suelo la tela roja que me cubre a medias, lentamente reptas bajo el terciopelo. Lentamente te acercas.

La guerra contra los ingleses será larga. Uylenburgh te hace algunas visitas esporádicas. Cuando se marcha con un cuadro es
sin haberlo comprado, sin siquiera pagar un anticipo. Como si
en la actualidad comprar un Rembrandt constituyera un riesgo
para un marchante. Van Ludick es más generoso pero comercia
menos. Por fortuna para la vida de todos los días, el coleccionista y marchante de grabados Clément de Jonghe viene a menudo a la Breestraat. Elige contigo el instante de Cristo, busca los

dibujos y las pruebas en los cartapacios, siempre lleva en el bolsillo los florines y una pluma para vuestras dos firmas.

Mejor que un regalo de bodas, Rembrandt me ha obsequiado un armario con una bonita cenefa de tulipanes esculpida. Lo ganó junto con doce empuñaduras de sable y diez mangos de daga de plata en el Dam. Era una lotería para ayudar a la ciudad de Veere y a sus pobres (todos ellos viudas y huérfanos) después de la inundación y la peste. El armario no estaba vacío. Bien doblados en los estantes, contenía catorce juegos de sábanas, treinta toallas, una docena de pañuelos de las narices y diez pañuelos de cabeza. Soy la mujer de Rembrandt van Rijn, el ama de casa en su hogar, cuelgo la llave del armario de la cadena que me rodea la cintura. Es como si mi marido me hubiera regalado una dote. Levanto muy alto la cara en el espejo, y luego saco la lengua para no creérmelo. Mis dedos acarician la madera oscura y esculpida, varias veces escucho chirriar la puerta de la izquierda, acerco la nariz a la madera, más verde, de los estantes. El armario y la ropa blanca que contiene los perfumaré con asperilla. Con un armario de mi propiedad, seguramente crezco, me convierto en una mujer, acaso envejezco.

En nuestro sueño, todos oímos el incendio antes de verlo. En un diluvio de granizo, los ladrillos habían caído los primeros. Las matracas de alarma de los centinelas castañeteaban al revés. El metal y la madera arrancados se balanceaban en las llamas, que los lamían antes de retorcerlos. Apuntaban a las vigas, que gemían y se dislocaban. Acodados en la ventana, vimos cómo el viejo Ayuntamiento era pasto de las llamas. El fuego se elevaba hacia la luna, trazaba un segundo edificio, mayor que el real, que se estiraba hacia las estrellas.

En un fasto de luces como jamás había conocido, el antiguo Ayuntamiento (ya condenado por el nuevo en construcción) flota en el cielo. En su último aliento. Por la ventana abierta, las llamas recortan en mi cara rosetones de calor. Rem-

brandt dice que al amanecer dibujará lo que queda de tan es-
trepitosa agonía. Justo antes de que se apague, para que nos
acordemos, el esqueleto de carbón en su última humareda.

Pegado a mí, la risa triste de Rembrandt lo sacude, y a mí
un poco con él. Empujadas por el viento, las llamas atraviesan
el Dam, como un muro de fuego amenazan el nuevo Ayuntamiento en construcción. Lo que los notables llaman la octava
maravilla del mundo albergará los servicios de la ciudad, el tri-
bunal, el tesoro del banco de Amsterdam y las prisiones en sus
sótanos (las de las puertas de la ciudad ya no son lo bastante
grandes). Está construido sobre más de trece mil pilotes, es
nuestro templo de Salomón. Si los gusanos atacasen la madera de los pilotes, las losas de piedra de Bentheim, las bellas losas negras y blancas, se resquebrajarían, el suelo plano se le-
vantaría como un mar que sacuden las olas, las paredes se
derrumbarían lentamente en una nube blanca y negra. Es quizá sobre Su casa sobre lo que Dios desata esta noche Su venganza. En medio de las llamas y el humo, hombres y mujeres
acarrean corriendo cubos demasiado pesados.

El nuevo Ayuntamiento conoció el calor del incendio tan
próximo, pero no sus llamas. Tres semanas después la ciudad se
enteraba (de atrio en atrio y de boca a oído) de que cofres con monedas de plata se habían fundido en los sótanos del esqueleto de
carbón, lo que es una lástima. Pero también de que gran parte de
los archivos había ardido. ¿Tal desperfecto constituiría un bien
para algunos? ¿Debía fundirse el mundo antiguo para que el nuevo viviera? Judith cuchichea; sin querer molestar, pregunta si fue
una mano de hombre la que encendió las llamas del demonio.

En la playa de grava, Judith ha comprado a un marinero un puñado de hojas de té de China. Algo más allá, ha visto a las putas que
venden su cuerpo por algunas hojas. ¿Tal vez las revendan en la
ciudad? Dejar hervir largo rato agua con algunas onzas de la pre-
ciosa planta. Luego añadir miel, al menos cuatro cucharones por
persona. Para Ephraïm Bueno, dos o tres tazas de té al día no pue-

den hacer ningún daño. No obstante, el doctor Tulp, al aconsejar hasta cincuenta para las mujeres que sufren de nerviosismo y de estreñimiento, las pondría en peligro. Lo he probado y lo he escupido, demasiado amargo. Y además, no estoy estreñida.

El hijo de Betsabé y de David está enfermo, es el Señor quien lo ha querido. Para rezar y suplicar mejor, David ha dejado de comer y ya no duerme en su cama; se acuesta en el suelo embaldosado. El papel húmedo huele a tinta y a aceite de linaza. En camisa de noche, de rodillas, con los codos apoyados en su cama holandesa de cálidas colgaduras, el hombre reza. Es el rey David, al séptimo día su hijo habrá muerto. Siete, un ciclo de luna. Tan cercano a nosotros, tan holandés… David no estornudará siete veces como Elíseo, el niño no resucitará.

Y yo, que poso como Betsabé, mujer de Urías, yo, que no he cometido adulterio alguno, que no he sido deseada ni ofrecida por otro rey que el mío, sé, mal que me pese, que siempre hay un precio. Hoy recupero la postura, desvelo bajo el paño mi vientre hinchado por el niño que no tardará en respirar el mismo aire que nosotros. Tú rememoras las tres pequeñas vidas tan pronto segadas y, por un momento, detrás de tu pincel, el miedo empaña tus ojos. La carta del rey David me dice que me reúna con él, unas cuantas palabras, una orden en un cuadrado de papel. Con mi hijo que golpea en mi interior, me siento dichosa; cierro los ojos, siento que mi rostro sonríe. Abro los ojos, me acuerdo, el destino de Betsabé ya está trazado.

Mi sueño olía a cerdo quemado. El nuevo Ayuntamiento ardía. En los calabozos del sótano los prisioneros se retorcían, malvaviscos caramelizados en torno a un gran grito. Unos espetones atravesaban su cuerpo. De su boca agrietada y carbonizada escapaban anillos de humo.

Una carta ha seguido un largo camino, desde el remoto sur de Italia hasta Amsterdam. Hasta la Breestraat. La carta la firma

don Antonio Ruffo. Está escrita en italiano. Es el marchante
Isaac Just, que vende a los compradores de otros países y conoce las lenguas, quien traduce.

Don Antonio Ruffo desea cuadros para su nueva biblioteca, retratos de hombres que reflexionaron y ayudaron a los demás a reflexionar. Filósofos y poetas. Un coleccionista, don
Ruffo, un aficionado al arte, dice Isaac Just. Rembrandt replica que un hombre de gusto y de cultura, un hombre de calidad. Que un hombre de calidad atraviese para encontrarse con
él y con su pintura tan vastas tierras y un período tan largo
(tantos años después de la gloria) sienta bien a su confianza.
Sí, yo creo que lo tranquiliza, en medio de la guerra, del dinero asustadizo y de los notables sin memoria que ni piensan ni
eligen ya por sí mismos. Quiere conseguir un hermoso cuadro. Se toma su tiempo, reflexiona.

Rembrandt me lo ha pedido, y yo me desato el delantal antes de abrir la puerta (excepto cuando, por el agujerito practicado en la madera, reconozco la larga silueta de Jan Six). De
ese modo, aquellos a quienes recibes saben que no soy la sirvienta y que esperamos la llegada de un niño, ya está muy cerca, pronto hará nueve meses, un recién nacido nuevecito. El
doctor Ephraïm me da amables palmadas en la mejilla, pregunta si el invierno no me fatiga, y mi grueso vientre.

Rembrandt conoció las historias de los hombres en el libro sagrado. Desconfía de las palabras y de los demás libros.
Sin embargo, para el cuadro de la biblioteca del siciliano, abre
la puerta a sus amigos Ephraïm Bueno y Lodewijck van Ludick; juntos rememoran y reflexionan. En compañía de Titus,
yo escucho y aprendo los nombres de aquellos que pensaron
y trabajaron, y que asimismo amaron lo bastante para decidir-
se a compartir: Homero, Sócrates, Platón, Aristóteles, Leonardo da Vinci. Desdichados, incomprendidos o traicionados,
nombres que suenan como músicas de mares cálidos donde
nadan las sirenas.

Los ingleses ganan batallas. Ningún capitán holandés se aventura ya con su navío y su tripulación por el estuario del IJ. Ya no comentan en la ciudad los regresos bulliciosos, coloristas y cargados de especias de las Indias Orientales o de la península de Manhattan. El puerto de Amsterdam se encuentra vacío, su comercio está muerto, en suspenso, dicen los notables.

La Bolsa de Amsterdam ya no es el lugar de encuentro de los mercaderes de la ciudad. El dinero se niega a salir del banco, del escondrijo en las paredes de las casas o de debajo de la tabla de madera o la losa de piedra. Como si la vida se hubiera detenido a la espera.

—¿A la espera de qué? —Sacudes la cabeza y tus largos cabellos, como una melena de león.— ¿Que nunca jamás vuelva a haber guerra, que las aspas de los molinos dejen de girar, que no crezca un solo bulbo de tulipán más en nuestras Provincias Unidas, o bien que el vecino dé el primer ejemplo?

Es el miedo de los notables. Lo repites, te ríes, te sientes inquieto. Por las deudas, también por el arte, por Titus, por nosotros y por el bebé que, con sus piececitos, pide ya nacer.

Ephraïm Bueno dice que él sigue fumando su pipa en la habitación de un infestado. Las antorchas de las calles queman los miasmas del aire, y el humo del tabaco sofoca la peste de una casa antes de que se instale en ella.

Rembrandt casi nunca sale ya de su taller. Las subastas son escasas y el dinero para ofrecer por el bienestar de la profesión brilla por su ausencia. Dice que la guerra y el poder traducen la vanidad de los hombres. Que él espera la paz, que entre dos guerras siempre hay paz.

Clément de Jonghe viene con frecuencia a comer con nosotros el ágape de la noche. Mucho menos caros que las pinturas, los grabados viajan sin complicaciones. A menudo le das las gracias, por su amistad y por los anticipos que te entrega de vez en cuando (y sin intereses) a cuenta de los encargos, de las planchas todavía no acabadas. Para la eternidad, incluso has grabado su retrato. El aguafuerte, la aguatinta, la punta seca. Yo escucho, me gusta aprender.

Abrí la puerta y el hombre entró. Subí a toda prisa al taller. Sin saber por qué, el miedo latía bajo mis senos. Vi cómo tus facciones se aflojaban bajo unas repentinas ojeras.

—Christophe Thijsz —repetías.

Conduje a Christophe Thijsz hasta el taller. Inclinado ante ti, te tendió la mano.

—Maese Rembrandt, perdonadme por molestaros. Lo cierto es que hasta el presente no me he mostrado muy apremiante.

Pegada a ti, protegida y sosteniéndote a la vez, miro al hombre de cerca para comprender lo que estoy oyendo. La gruesa piel de su nariz está sembrada de pelos muy cortos; su barbita gris, bien recortada y cepillada, y sus labios secos en torno a unos dientes amarillos van formando las palabras que escapan de ellos.

Que saldes la deuda de la casa. Lo cierto es que hace años que ya no pagas lo convenido. Y que los 8.000 florines que todavía le debes, aparte de los intereses, en estos momentos de escaso comercio (sin querer molestar), Christophe Thijsz los necesita enormemente. Respondes a todo que lo comprendes, sí, que lo has entendido bien. Christophe Thijsz te da las gracias y se marcha confiado puesto que lo has entendido bien. Ha salido lleno de confianza.

La luz de tus ojos se ha apagado. Te rodeo el cuello con los brazos y apoyo la cabeza en tu pecho. En mi interior helado, los latidos se han hecho más lentos.

En la negrura de las calles, la palabra del miedo resuena. El médico de la peste avanza a través del temor de la ciudad, llevando en la mano la vara blanca de la epidemia. Los que viven en casas sanas le vuelven la espalda corriendo, quienes tienen un enfermo en su casa lo llaman. Veintidós fallecidos en cuatro días en el Jordaan, ninguno en nuestro lado de la Breestraat.

Me gusta aprender y por eso escucho. La guerra de Troya, la República, Alejandro Magno. Leonardo da Vinci, que sólo pintó trece cuadros, quería sobre todo comprender el interior de los cuerpos, el cielo, el agua y las máquinas. Cortó y abrió más de un centenar de cadáveres. Ephraïm Bueno dice que, con toda certeza, murió sintiéndose desdichado por haber trabajado y reflexionado tanto, y por no dejar a los vivos, tras su muerte, sino el inmenso desorden de sus escritos.

Rembrandt ha elegido al hombre que pintará para don Antonio Ruffo. También él tenía una gran biblioteca; Aristóteles era discípulo de Platón, y fue asimismo preceptor de Alejandro Magno, quien dejó de escucharlo cuando llegó a ser grande.

Judith ha visto un cometa con cabellera en el cielo negro. Es un signo de gran mortandad o de la llegada de un profeta, al menos es lo que repiten las bocas desdentadas de los ancianos. Los prolongados gritos de la noche enmudecen por la mañana. Los vivos abandonan a los moribundos, pues los vivos saben que morirán, pero los muertos no saben nada en absoluto.

Una mano enguantada llama a la puerta de la Breestraat. Tiende un pliego cerrado con un sello rojo. Christophe Thijsz ha esperado pacientemente más de diez años, pero su necesidad de dinero es inmediata. La ley reclama en su nombre los 8.000 florines más los intereses adeudados. Si no saldas tu deuda, y sin demora, tu casa será vendida en pública subasta. Tu casa, tu vida. La felicidad con Saskia, los años menos fáciles, el taller y el trabajo continuo. Y los cuadros en las paredes, y tus colecciones, tu vida. No tienes el dinero, sólo tienes deudas. Al igual que tú, no consigo creerlo, te estrecho contra mí, trato de calentar tu interior helado.

Esta mañana han matado a los bueyes en el mercado de carnes. Uno a uno, con la cabeza gacha ante la muerte, van entrando en el gran edificio. Huele a muerte, huele a miedo. La nube que escapa de sus ollares es un sollozo. Por la tarde, Rembrandt, Titus y yo hemos ido a elegir nuestra pieza en canal. Como todos los meses de noviembre. Palpamos la res en el sentido del músculo con los dedos, presionamos sobre la carne todavía tibia para ver el color del jugo que brota, nuestra nariz husmea en busca de olores ni fuertes ni dulzones. Rembrandt no se acerca. Va de pieza en pieza achicando los ojos, las mira de cerca y luego de lejos, las enmarca con ambas manos como si fueran cuadros. Siempre es Judith quien tiene alguna preferencia. Es ella quien, con un cuchillo largo y puntiagudo, despiezará el animal. Durante dos días comeremos carne fresca asada en las brasas de la chimenea. Los dos únicos días del año. Después, los gusanitos blancos saldrían de los huevos ya alojados en la res y la devorarían al tiempo que la infectaban, ellos y su hedor.

Acto seguido, todos los demás trozos serán frotados, recubiertos de sal seca e introducidos en dos grandes tinajas de barro. Permanecerán por espacio de dos meses en el patio helado. Entonces, limpiaremos de sal la carne de una de las tinajas. Luego, como cada año, Judith vigilará el ahumado en la chimenea. Pero hoy, en el mercado de carnes, todos esos cadáveres de buey colgados, con las patas apuntando en todas direcciones, queman los túneles de mi nariz. Olores a vida y a muerte mezclados. Es el exterior lo que de pronto hace enfermar al interior. A partir de mañana sólo comeré los vegetales que salen de la tierra, jamás volveré a convertir mi cuerpo en un recipiente para cadáveres. Me lo digo a mí misma todos los meses de noviembre. Y luego lo olvido.

Durante largo tiempo has recorrido la ciudad. No hay que permitir que la justicia te arrebate la casa, es preciso pedir prestado, y deprisa. Sabías adónde ibas, pero no tus pies. Dieron un gran rodeo por el Leidesgracht. Allí te cruzaste con aireadores, que protegen las casas de la epidemia; frotan los muros y el perímetro de puertas y ventanas con una mezcla que huele agradablemente a hierbas, azufre, nuez moscada, alcanfor y a su secreto.

Luego, tus pies han girado sobre sus talones. En una taberna del puerto, echando la cabeza bien atrás, has bebido de un trago un gran pichel de cerveza. Con la cabeza más pesada y el vientre lleno de burbujas, has seguido entonces el Kloveniersburwal hasta la hermosa casa de Jan Six. Con la mano aferrada a la aldaba dorada, llamas dos veces sin pararte a pensar (¿son golpes secos, son tímidos?). Su criado abre la puerta con una vestimenta muy brillante debido a la larga hilera de botones dorados. Baja la mirada hacia ti, hacia tu chaqueta púrpura. En casa de Jan Six sólo miran con humildad a todo aquel que lleva gorguera y terciopelo negro.

Una cigüeña se ha posado en un tejado de la Breestraat, en el último peldaño del gablete. Quizás ha vacilado mucho tiempo antes de tener una preferencia y bajar planeando hasta esa casa en concreto. Se disponía a construir un nido en ella, a aguardar el nacimiento de una familia. Quizás haya elegido ese momento preciso para posarse, bambolearse y batir las alas, hasta recuperar el equilibrio.

Con los brazos abiertos y la sonrisa de la amistad en sus labios, Jan Six te arrastra a las amplias estancias de su vasta morada. En su compañía admiras su colección de porcelanas de China. Inquieto y con el ceño fruncido, te pregunta de pronto si los compradores de tu pintura te han hecho alguna visita desde el proceso. Luego, guarda silencio. Has dejado tu taller a plena luz del día, tu visita no se debe a un azar en tu camino. Sabe que el dinero escasea, es de esos que aguardan para sacarlo de sus escondrijos. Conoce tus dificultades, pero escucha sin interrumpirte, con atención, según recuerdas.

—No es una pequeña suma —dice. Después, tras un largo silencio como para reflexionar, añade—: No os prometo nada, amigo mío. Personalmente, no tengo en este momento la posibilidad, pero pienso en algunos que tal vez sí.

Le has dado las gracias con todo el calor, aun cuando, frente al notable Jan Six, ya no percibes la sinceridad en tu voz. Yo me digo que, tras haber abandonado las artes, que no le eran propicias, por los negocios de la familia y de la ciudad, saber en dificultades al artista a quien admira le colma de certezas una vez más, quizás incluso de placer.

Sin tomarse un respiro una sola vez entre sus idas y venidas, la cigüeña transportaba en el pico ramitas, hojas secas, musgo amarillento, el polvo de turba que las chimeneas escupen sobre los tejados. La cigüeña construía su nido.

Un intenso viento arrastraba en torbellinos las hojas arrancadas de los árboles. Desde mediodía, Rembrandt contemplaba el viento detrás de las vidrieras y repetía entre dientes que no saldría por la noche. Que no acudiría a esa cena de dignidades. Que guardaría impoluta la suya. Yo callaba. Que cruzarse con todas esas personas y tener que saludarlas lo fatigaba por anticipado. Que él no era de esos artistas que pasan más tiempo inclinados en los salones que sufriendo de la espalda ante su caballete. Yo guardaba silencio. Mientras callaba, la noche apagó las vidrieras. Titus cenaba en la cocina con Judith. Busqué a Rembrandt; se hallaba en su taller, a oscuras ante su caballete.

Aristóteles estudió, y también admiró a Homero, el poeta. Luego regaló sus conocimientos a sus discípulos. Ahora contempla un busto de yeso que Rembrandt compró hace años en una subasta. Con su barba y su peinado se parece a Homero. Rembrandt lo ha decidido, se trata de un busto de Homero. La tristeza ya ha consumido los ojos de Aristóteles, que lo mira. A grandes brochazos sin pasta, es una mirada gastada que ha visto y que ha creído, que ha juzgado a hombres y a emperadores, que espera todavía. La voz de Homero atraviesa la muerte y el tiempo hasta Aristóteles. Que lo oye, que le responde.

Me acerco a Rembrandt, que está de espaldas. Imposible una velada en honor de San Lucas, el santo patrón de los pintores, sin Rembrandt van Rijn, el pintor más grande de Amsterdam. Posa sus manos sobre las mías.

Dice muy quedo:

—Gracias por tu confianza, pero ya no me llaman así. Si es que no me han olvidado.

—Los mejores lo saben. —Con una mano apoyada en la luna llena de mi vientre, añado (sé que no podrá resistirse):— Y nuestro hijo lo sabrá también. Ve, ya llegas con mucho retraso.

La cigüeña vacilaba en emprender el vuelo de nuevo. Con la cabeza inclinada, contemplaba el nido, lo estudiaba. Como un cangrejo, cruzando una pata por delante de la otra, lo contorneaba. Se decía que había trabajado bien. Desequilibrada, con un leve batir de alas, se acomoda. Durante mucho rato se ha ido levantando y girando sobre sí misma, largo rato antes de dar con el hueco ideal.

Dos horas más tarde, Rembrandt ha regresado, cansado de la velada, del invierno que se acerca y de la vida. Sin pasar por la taberna, ha tomado todo recto el camino de la Breestraat. Rápido, el calor de su casa, el taller, la respiración de Titus dormido y la mía. A partir de este momento nuestra soledad, y el vaso de ginebra que le tiendo ante las llamas de la chimenea.

Bajo el frío has caminado hasta St. Joris Doelen, hasta la gran sala de reuniones de los arqueros. Has empujado la pesada puerta. Alrededor de la inmensa mesa, iluminada por el amarillo vacilante de centenares de velas, la digna asamblea. Se buscan y se saludan, entre las puntas de las llamas se espían. Sin apartar la vista de su víctima lejana, se inclinan sobre el hombro del vecino de mesa y deslizan en su oído las palabras que hieren y que en ocasiones envenenan. En el lugar de ho-

nor, con fatua sonrisa, el Gran Regente de la ciudad, Joan Huydecoper, lleva la cuenta de los que han respondido. Sabe que
los artistas acompañan a la gloria, la doran y la hacen eterna.
Maerten Kretzer, Bartholomeus van der Helst, trata de retener los nombres, Nicolaes de Helt Stockade, pero no tarda en
cansarse. Govaert Flinck, todos están allí, Emmanuel de Wit-
te, Philips Koninck, Jurriaen Ovens, todos quieren figurar en
la lista de los próximos encargos de la ciudad. Todos piensan
en la ornamentación del nuevo Ayuntamiento. Sólo uno será
elegido: el mayor talento tendrá el mérito de ofrecer al Gran
Regente la mayor gloria.

Sólo Rembrandt van Rijn no se halla a la mesa. Nadie ha dicho una palabra. ¿No se ha reparado en su ausencia? Tampoco
en su presencia, allí en la penumbra, cerca de la puerta. Como si
asistieras a la cena siguiente a tu entierro, calla, amor mío, no di-
gas esas cosas. La risa se atasca en tu garganta. Meneas la cabeza: seguro que para decirte adiós serán menos numerosos que
esa noche en la fiesta de San Lucas, antes de que vuelvan a colocar la losa sobre tu ataúd. Vierto ginebra en tu vaso vacío.

Algo más allá, en el centro de la larga hilera de comensales, Govaert Flinck aplaude a Joost van den Vondel, el invitado de honor, sentado frente a él. Me describes al poeta, la gloria de Holanda, el gran Vondel. Bien erguido en una silla tan alta como
un trono, bajo su corona de laurel, escucha las palabras que salen de su boca.

Rembrandt no se mueve, todavía no ha decidido si com-
partirá con los reunidos esa cena, mucho más rica que la del
Señor. Rememora los versos de Vondel que se mofaban de su
retrato del predicador Cornelius Anslo, que condenaban la
pintura, poco conseguida, a su modo de ver, para describir la
fuerza de las palabras del predicador. Cuatro versos, el único
encuentro de Rembrandt con Vondel.

Todos los presentes se acordarán de los demás, elegidos, al
igual que ellos, para la gran noche; con el codo en alto, todos so-

pesan el tanino de la sangre en la transparencia de sus grandes vasos. Haced esto en memoria mía. Ríen y beben ruidosamente.

El momento preciso en que la cigüeña puso sus huevos en el nido acabado.

En la penumbra, detrás de la puerta, Rembrandt escuchaba. Tiene ahora la palabra Govaert Flinck. Se ha puesto de pie, va dirigiendo a todos su sonrisa bienaventurada. Recuerda que en presencia de Vondel, el fénix de nuestra tierra, una hermandad nueva de pintores se ha reunido para elegirse unos a otros durante esta velada. Es el propio Joost van den Vondel quien ha aplicado a la poesía el modelo de una Academia. Los nuevos y los viejos poemas serán juzgados por aquellos que saben; en la búsqueda de la belleza, se evitarán en lo sucesivo los errores, siempre presentes cuando media una noble ambición. Govaert Flinck habla alto, para la pintura de su país espera la misma Academia. La belleza del arte existirá al fin, reconocida por aquellos que saben. Sólo ellos podrán decirlo. Aplausos.

De nuevo Vondel. Atento silencio. Recuerda a todos que no es posible crear pintura ni escultura sin regirse por medidas y cifras. La geometría, de la que no pueden prescindir, las hace todavía más próximas a lo divino, pues ¿acaso Dios no ha ordenado todas las cosas por medidas, cifras y pesos?

Rembrandt ha salido. Tal como había entrado. Nadie lo ha visto entrar ni salir. Su sitio está en otra parte. Con absoluta certeza, y para siempre. Esos fabricantes de arte, esas gentes de cifras y pesos que se satisfacen unos a otros, que comercian imitando el arte, han olvidado a Rembrandt van Rijn y su obra. Ni siquiera han reparado en su ausencia. No volverás a salir de tu taller. Tu soledad en la luz. Titus y yo y pronto nuestro hijo. Algunos amigos, algunos discípulos. Una soledad llevada cada vez más allá, hacia lo más hondo. Hurgarás en las almas y las sombras con los pelos de tu brocha.

Tendida en nuestra cama, con los ojos abiertos a la noche, atravieso el techo y los pisos para ver a la cigüeña incubar en la negrura. En lo más alto de nuestro tejado, el cuerpo recto como una flecha que apunta al cielo. Una cigüeña sobre un tejado constituye una señal, una buena señal.

Los pastores visitan en el establo a María y a su pequeño. Con los brazos abiertos y las manos tendidas, José los recibe. El trapo enjuga la tinta entre los surcos. La ley prohíbe el templo a la madre reciente hasta transcurridos los cuarenta días de purificación que siguen al nacimiento. Así pues, la circuncisión ha tenido lugar en el establo. José sujeta al niño sobre sus rodillas, María ha entrelazado los dedos en una plegaria. La prensa chirría. Clément de Jonghe viene y vuelve a marcharse. Llega con dinero, se va con las copias.

Jan Six ha traído a la Breestraat al comerciante Hertsbeeck y dos días más tarde al consejero Cornelis Witsen. Yo hago preguntas, pero Rembrandt quiere evitarme lo desagradable de la vida, lo que él llama los detalles. Mi pobre amor, me corresponde a mí aliviarte. De todo cuanto entorpece tu trabajo, lo más importante.

Es su decisión, sólo me enteraré de aquello que él no quiera ocultarme. Los contratos con los prestadores se han firmado ante notario. El mercader ha pedido intereses, el consejero ha optado por la preferencia en el reembolso, sin intereses. Para tener la certeza de ser el primero al que devuelvas su dinero, paga los 180 florines por expediente, que tú le reembolsarás. En la convicción asimismo de que sabrás mostrarte agradecido con pinturas y grabados. Frente a los dos hombres que prestaban 4.000 florines cada uno, frente a ti, a quien sigue llamando su amigo, el mecenas Jan Six ha hecho el esfuerzo de contribuir con 1.000 florines. Con intereses, y a condición de que haya un aval. Has hecho bien en firmar, las deudas son numerosas y el dinero demasiado escaso, pero lo cierto es que la amistad resulta muy desconfiada. No ocurre así en el caso de tu avalista, Lodewijck van Ludick, que ha firmado sin hacer preguntas. Por amistad y por amor hacia tu trabajo. Pagarás la deuda a Christophe Thijsz y conservarás tu casa. Más tarde, cuando el peligro inmediato se haya alejado y simulemos haber olvidado, te diré lo que los prestadores y Christophe Thijsz ignoran: una casa con una cigüeña en el tejado vale el doble de su precio.

Vestido con seda dorada, Aristóteles es un príncipe entre los hombres. A su alrededor brilla una luz procedente de ninguna parte. Está en él, es su rostro el que ilumina la pintura. Es su amor, su compasión por la humanidad, incluso por sus defectos. Te masajeo los hombros, contemplo el cuadro en el caballete, sé que es la luz de tu interior lo que resucita tanta vida.

La peste se cobró cincuenta y seis vidas la semana pasada en Amsterdam, treinta y nueve de ellas en el Jordaan. Es la humedad de los canales; los miasmas se posan en el aire, a la altura de la boca. He dicho a Judith que no vuelva a salir cuando llueva o haya niebla, que aguarde al sol para volver a la Breestraat. Ha practicado un agujero en una avellana; con paciencia y con la ayuda de un alfiler, ha extraído el fruto. Luego ha introducido por el agujero el azogue que Ephraïm Bueno había comprado al boticario Abraham Francen. Ha vuelto a pegar el trozo de cáscara con cola fuerte. Para que el azogue mantenga a raya la peste, lleva noche y día la avellana al cuello. Todas las mañanas ella y su marido se lavan la boca, las ventanas de la nariz y las extremidades con oxicrato* mezclado con agua de rosas. Con una esponja empapada en el vinagre para no respirar los miasmas, ahora puede atravesar la ciudad.

* El oxicrato es una mezcla de vinagre y agua.

Rembrandt ha regalado un dibujo a Jan Six. Ante un público atento, Homero recita sus versos, cuenta los amores de Helena y la guerra de Troya. Jan Six lo rehúsa, vacila, comprende que Rembrandt intenta darle las gracias por su ayuda, por los prestadores y por sus 1.000 florines. Pero no le es posible aceptarlo, en la amistad la ayuda no se agradece. No, si acepta ese dibujo es en prueba de su buena relación, sobre todo como regalo de esponsales. Sí, va a contraer matrimonio con Marghareta Tulp a comienzos de la primavera, sí, están en buena armonía; tan buena como con su futuro suegro, el acaudalado y poderoso doctor Tulp, el novísimo Regente de la ciudad.

Geertruid jamás se muestra maliciosa, pero esta vez rió, rió de buena gana durante días. De Jan Six, que con toda certeza prefiere la compañía de los hombres y de los libros a la de las mujeres. Rembrandt opina que Jan Six constituye la mejor elección como marido para esa novia abandonada*: poco amante de las mujeres (ya se trate de las que uno puede exhibir o de aquellas a las que hay que ocultar), y por lo tanto fiel, así como más sensible a los honores que a las cenas bullangueras y los buenos vinos, ya sea su ambición en la actualidad la de poeta o, con toda seguridad, dentro de algunos años, la de Regente de la ciudad. En cuanto al doctor Tulp, por fin logra casar a su hija, la da en matrimonio a un yerno que hace reverencias y construye hermosas frases y que posee fortuna personal (aunque la de Tulp sea diez veces mayor que la suya).

Geertruid reía también del doctor Tulp, que se desplaza en carroza dorada para visitar a sus enfermos adinerados pero que, ahora que es Regente, quiere prohibir (por considerarlo pecado) los banquetes demasiado opulentos y los regalos de bodas en exceso costosos. Reía asimismo de su hija, que sólo merece ser mirada por quien considera que las posesiones em-

* Poco tiempo antes de la fecha prevista para su boda, Marghareta Tulp fue «abandonada» por Johan de Witt, gran pensionario de la provincia de Holanda (que será asesinado en 1672).

bellecen; Marghareta Tulp y su papada que hace olas, sus ojos que ruedan como canicas y amenazan con saltarle de la cara y que… Con un trapo he golpeado varias veces a la bellaca y su lengua parlanchina. Geertruid ha huido sin dejar de reír.

Nace en las cerezas negras que se pegan a la piel, hormiguea en los cuerpos que mueren de dolor, de sed y de tanto gritar, en las casas, en la calle, sobre los canales, por doquier se respira la plaga. Y durante todo ese tiempo de vida y de muerte, en las tinieblas de la madera, miles de gusanitos excavan su túnel.

El barniz resplandece, el niño arropado con el chal de su madre, María y José huyen a Egipto. Pasan un vado. José sujeta las riendas del asno, con la otra mano sondea el agua con el bastón. Los trazos de cobre se entrecruzan, esta noche los viajeros fatigados se han resignado.

Carel Fabritius, el hermano de Barent, era tu discípulo predilecto. Fue durante la enfermedad de Saskia y algún tiempo después de su muerte. Cuando hablas de él, hablas de un amigo, no de un alumno. Estaba allí, muy cerca, triste y atento a ti cuando Saskia se fue. Ahora pinta en Delft e instruye a más de cinco alumnos en su taller. Cuando viene a Amsterdam, llama a nuestra puerta. Siempre fiel, su amistad resulta gozosa.

Ha sacado de su cartapacio un pequeño tablero de madera y lo ha colocado a la luz. Lleno de confianza, los ojos de Carel hacen las preguntas. Lentamente entras en la pintura, sonríes con dulzura:

—Está muy vivo. Jamás cesará su gorjeo.

Cuando era niña, acompañaba a mis hermanos al campo, y también yo tenía un tirachinas. Conozco a los pájaros, digo muy quedo (como si mi voz fuera a espantarlo):

—Es un jilguero. En su comedero.

—Es un jilguero y canta bien. Y ese lienzo de pared ama-

rilla… Me hace mucho bien, Fabritius. Necesito ver pintura. Ya no abunda en Amsterdam, no es eso lo que quieren los marchantes, ya no responde al gusto actual. Tal vez en Delft…
—Ríe con tristeza.— Regresa pronto con otros cuadros igual de hermosos.

Has contemplado durante largo rato la larga silueta de Carel Fabritius, que disminuía a lo largo de la Breestraat. Esta noche pienso en él. Pienso en él a menudo. Pronto dejaría de producirte placer. Sin embargo, esa noche, con tu mirada iluminada por la luz de su jilguero, no lo sabías.

El sacrificio de Betsabé se materializará más allá de ella, en aquel a quien dará a luz. Muy digna, la sirvienta judía la purifica. La encontraste en el Houtgracht, justo delante de la sinagoga. Inclinada hacia mis pies, ya no sonríe, debido a la edad y a su espalda. También a mí la inmovilidad de la postura, con mi vientre grávido, me produce dolor bajo el hombro izquierdo. Has visto en mi mano la carta del rey David, líneas escritas sobre papel blanco, y has creído en el azar.

El pliego ha llegado esta mañana, entregado en la puerta por una mano con guante negro, justo antes de que nos tomáramos un descanso. Cerrado con un sello de lacre rojo. Lo he roto, las letras se han mezclado ante mis ojos. La vieja judía portuguesa tensa bastante el cuello hacia atrás; con los dientes apretados, separa los labios a causa del dolor. Ya es hora de que descanse la espalda, hora también de que yo comparta mi miedo contigo.

—Rembrandt, esta carta la trajeron hace tres horas. Ya estabas preparando los colores en la paleta. Desde hace tres horas el corazón, que me late desbocado, me produce fatiga. ¿Nuevas preocupaciones con la casa? Léela, te lo ruego.

Como si transportase la epidemia, tomas con rapidez la carta con la punta de los dedos. Los sellos de lacre siempre son amenazadores. Tus ojos corren por las líneas.

—Dime, léemela.

—El consistorio. —Tu risa es como un suspiro.— Nos convocan a los dos. Para una discreta exhortación cristiana.

Apoyas con fuerza la lengua en las palabras. Tus brazos ya me rodean.

—No hay nada que temer, no te preocupes. Dejémosles hacer, la Iglesia no es Dios. No hacemos ningún mal. Ni siquiera a la Iglesia, y mucho menos a Dios. No con tu bondad.

Tu voz se enrosca a mi alrededor. Me digo que te creo, Jesucristo es amor, y cierro los ojos. En eso radica la caridad, no porque hayamos amado a Dios, sino porque Él nos amó y envió a Su hijo.

Jan Six se casa dentro de tres semanas. Ha llamado a la puerta de tu taller, ha entrado sin esperar. ¿Pintaría Rembrandt su retrato? Como una ofrenda a su prometida antes de la ceremonia. ¿Dispondrá de tiempo Rembrandt?

Sí, para tu amigo lo tendrás, sí, ya ves el cuadro, pintado deprisa, una pasta al aceite de adormidera, y a la esencia de espliego como secante. Trazos rápidos, tu destreza y tu amistad: conoces bien al hombre del retrato, es su verdadera naturaleza lo que harás que vean. Jan Six interpreta tus palabras como le place. A partir del día siguiente vendrá a posar.

Titus come cerezas negras, muy gordas, muy jugosas. Rembrandt quiere que guarde para mí mis temores campesinos. Me los aguanto, se instalan en lo más profundo de mi ser. Como los parásitos, allí se transforman. Es quizá con el miedo como empieza la epidemia.

Llamo a la puerta del taller. Traigo mazapán y tortitas brillantes de mantequilla fundida y de melaza. Jan Six lleva un jubón rojo cuyos faldones con botones, ya en la misma tela, son pinceladas. Sin siquiera verme, me da las gracias, para rehusar y por educación. Ni comer, ni beber, tiene prisa por reunirse con el Regente Tulp, que lo aguarda. Desde su elevada estatura observa a Rembrandt, sentado detrás del caballete. Ya se está poniendo un guante, uno solo, como requiere el gusto de la época en las personas de su condición. Será el cuadro, pintado a toda prisa, de un hombre a punto de salir de la estancia, un hombre elegante y ansioso de dejar a su amigo.

Otro mensajero me ha tendido un nuevo pliego. Haces saltar el sello color sangre de la nueva citación. Dices que, sin la menor duda, los del consistorio lo han comprobado y ahora saben que no figuras en la lista de los fieles de la Iglesia. Por consiguiente, es a mí sola a quien convocan. Para que me haga perdonar los pecados que deshonran. Todo aquel que invoque el nombre del Eterno será salvado. Las palabras vienen a mí. ¿Quién condenará a los elegidos de Dios? Mis labios, que saben, repiten cada vez más deprisa. Entrego Mi vida por Mis ovejas y las conozco.

Te inclinas y depositas un beso en mi vientre de luna.

—Demasiado ignorantes, severos y estúpidos, todos se parecen, no se paran a reflexionar. —Rasgas la citación.— No irás.

Al pie de la Cruz, José recibe el cuerpo en sus brazos. Envuelto en un sudario limpio, lo depositará en la tumba. Bajo tu buril, que raspa y desprende el barniz, huele a lágrimas, a fin del mundo y a cadáver ajusticiado que aún no está rígido. En medio de los lamentos, una mano blanca se alza. Clément de Jonghe se ha llevado las primeras pruebas todavía húmedas.

Debo pagar al lechero. Te pregunto cuándo abonará Jan Six el retrato. Crees que el cuadro servirá para reembolsar en parte lo que te prestó. Pero no habéis hablado de ello, tu precio de 500 florines por un retrato no ha cambiado desde los años fáciles. Jan Six es un hombre de buena educación. No se habla de florines con un amigo que se casa, con un amigo de buena educación, sí, lo entiendo.

Esa noche, después de la cena, he entrado sola en el taller.

Con una inquietud que no reconozco, allí muy adentro, más allá del niño que golpea. La luz de la vela temblaba y a su alrededor toda la estancia, el cuadro sobre el caballete también. Jan Six se pone un guante. Más alto que tú sentado, su mirada desciende hasta quien lo mira. Está seguro de sí mismo; bajo los párpados cansados, los ojos, carentes de luz, no reflejan amistad. Cierta flojedad a ambos lados de la boca delata la mentira posible. Jan Six tiembla tras la llama de la vela. Conoces bien al hombre del retrato, es su verdadera naturaleza lo que ofreces a la vista. Detrás de su traición, has visto su tristeza. Es el retrato de un adiós. Me digo que con una mano en un guante, no es de su casa de donde sale, sino de tu vida. Tal vez incluso de la suya.

A la caída de la tarde Barent Fabritius ha venido a la Breestraat. Ha pasado y vuelto a pasar durante mucho rato por delante de la casa. Ha caminado largo tiempo, su corazón oprimido vacilando a cada paso. Dos días atrás, el polvorín de Delft explotó. Desde el cielo en llamas, más de una tercera parte de la ciudad volvió a caer, convertida en humo y cenizas, los cuerpos desgarrados, arrancados. Dentro de unos meses, Carel Fabritius habría tenido la edad de Cristo. Con su risa y su talento, pintó un jilguero muy vivo que nunca jamás detendrá su gorjeo. Quienes esa noche pasaron por la Breestraat, vieron la luz de las velas arder tras las vidrieras hasta la mañana.

Has hecho sacar la primera prueba del entierro sobre un papel chino muy liso. El día ha sido largo, la Virgen se ha dormido, agotada por su pesadumbre. Luego, tu buril ha raspado el cobre. Poco a poco, los trazos cruzados han ensombrecido el interior de la tumba excavada en la roca. La única y postrera luz surge de Cristo.

He apartado el lienzo que ocultaba mi vientre; con sus lindos pies, mi hijo hace olas bajo mi piel. Sujeto en la mano derecha la tercera citación del consistorio. La has leído, has vacilado, he comprendido que no lo decías todo, que, con toda certeza, había algún detalle desagradable. Entonces has repetido la frase con todas las palabras: «... Hendrickje Stoffels, que vive como una puta en casa del pintor Rembrandt». Como una puta, mi iglesia. Una puta.

Una nube negra sobre el sol. Es tan dulce mi vida cerca de ti, por tu bien y por tu trabajo, todo por el don que Dios te ha confiado... Es tan pura esa vida en mi interior, hecha de ti y de mí, y que Dios ha querido... Nos eligió antes de la fundación del mundo, a fin de que seamos santos. La ley de Dios la conozco. Ahora conoceré la ley de la Iglesia, que es la de los hombres. Enjugas las lágrimas de mis mejillas, secas en redondo mis mejillas. Entre tus brazos, me acurruco en la sombra que proyecta tu luz.

Rasgas la tercera citación. Dices que, a través de mí, es a ti a quien la ley de los hombres quiere alcanzar. A mí, oveja de nuestro Salvador, a mí, que todos los días busco y quiero aprender a hacer el bien, mi Iglesia me llama puta. Había olvidado la palabra. Así pues, casados la vida sería la misma y a la vez diferente. Por un solo hombre entró en el mundo el pecado, y por el pecado la muerte. Y así, la muerte se extendió sobre todos los hombres, porque todos pecaron.

Jan Six no me ha saludado, ni a mí ni a mi vientre. Venía a buscar su retrato, cuya pintura ha secado ya lo bastante para no se le adhiera polvo. Ha dicho a Rembrandt que no pensaba invitar a ningún amigo. Es el Regente Tulp quien convida. Cuántos Regentes y notables, y qué aburrida resultaría aquella boda...

Estaba tomando la leche caliente con Titus en la cocina. Muy temprano, esta mañana, han llamado a la puerta, golpes rápidos y repetidos, demasiado fuertes. Titus deja el cuenco en la mesa. Sus ojos, sorprendidos, se redondean; sin el bigote de espuma blanca, se diría que es miedo. Nada debe molestar a

Rembrandt, que está trabajando, rápido, me corresponde abrir a mí. Se trata de mi vergüenza, eso ya lo sé. Bajo los ojos, me convierto en la puta de Rembrandt, es una mentira que crece a cada paso, la puta a mi pesar.

Al otro lado de la puerta, bajo el sombrero negro, azotados por un intenso viento, tres hermanos del barrio aprietan sus labios grises. Sus ojos severos se deslizan sin querer hasta mi vientre henchido, y vuelven a subir lentamente hasta los míos. Negros cuervos, los frailes me ven retroceder, prisionera de sus sombras. Resignada, describiendo una curva con el brazo a través del espacio que nos separa, los invito a entrar.

El que toma la palabra tiene una nariz puntiaguda y ganchuda, un pico de ave.

—¿Teméis acaso que el vecindario vea a los hermanos de la Iglesia ante vuestra puerta? Jamás entramos en la casa del pecado. Vuestra falta está ahí —de nuevo sus ojos sopesan la vida en mi vientre—, el Señor ha desvelado públicamente vuestra impiedad. El pastor conoce la indignidad en que vivís y la Iglesia ha ordenado una investigación.

Otro hermano mascula más que reza:

—Dios no permite en modo alguno que los pecadores sean tentados más allá de sus fuerzas. Al tiempo que la tentación, les ofrece la posibilidad de vencerla. Y por gracia del Espíritu Santo, reanima de nuevo…

El tercero abre el pico:

—Hendrickje Stoffels, la Iglesia os ha designado como puta. No os presentáis ante el concilio. Os negáis a escuchar vuestra sentencia, dais muestras de rebeldía. ¿Tan intenso es, pues, el miedo a vuestro castigo?

Meneo la cabeza y trago una bocanada de aire. Tras romper para luego seguir su camino, todas las olas han pasado por encima de mí. De la misma manera en que juzgáis, seréis juzgados.

La voz del primer hermano era meliflua, demasiado meliflua.

—Por última vez, Hendrickje Stoffels, se os convoca ante

el consistorio. Si en esta ocasión os negáis a presentaros, vuestra sentencia será pronunciada en vuestra ausencia y conocida por todos. Así lo quieren la Iglesia y la ciudad.

Creo que fue en ese momento cuando los pasos pesados de Rembrandt bajaron la escalera. (Titus había ido a buscarlo.) Con los labios apretados en torno a mi condena, los tres hermanos retrocedieron. Sin un saludo de despedida (no se saluda a una puta), me dieron la espalda. Antes de cerrar la puerta, los miré alejarse y disminuir en la niebla.

Si se pronuncia la sentencia, si soy acusada por la Iglesia de ser la puta de Rembrandt, también a ti, pobre amor mío, te señalarán con el dedo. Y si los compradores dejan de venir a casa del pintor que vive con su puta, jamás podrás saldar tus deudas. Iré, escucharé la sentencia del consistorio. Creo en la misericordia de Dios, creo asimismo en la indulgencia de los hombres y en la bondad de la Iglesia.

Mis pies avanzan bajo la bóveda helada. Cada paso resuena en el eco del anterior. Sobre todo, no pisar las junturas entre las baldosas. Al fondo, allí donde los sonidos ya no rebotan, con el rostro enmarcado por el alto respaldo de su sitial, mis doce jueces, con hábito negro, me ven avanzar hacia ellos, y por delante de mí nuestro hijo, que se va redondeando. También ellos crecen en mi dirección mientras me acerco, se parecen a los de mi pesadilla, los dedos de madera seca, muy quietecitos ante su escribanía de cuero, con los ojos en blanco, los labios carentes de saliva, la carne resplandeciente de un rosa que me juzga y que un día habrá de pudrirse. Es el más anciano, el que ya no tiene dientes y casi ni siquiera boca, quien hace de portavoz de la Iglesia.

—¿Reconocéis cohabitar con el pintor Rembrandt van Rijn como una puta?

Bajo la cabeza, y no por vergüenza, no. No para dejar de verlos, sino con objeto de no oírlos. ¿Quién eres tú para juzgar a tu prójimo? Vuestra riqueza no es sino podredumbre, vuestras vestiduras están roídas por los gusanos.

Sólo se trataba de una pesadilla, la misma durante dos noches consecutivas. Unas voces silbaban en mis oídos que confesara. Suaves y secas, en todos los tonos posibles. Que confesara. Con la cabeza y las muñecas sujetas a la picota, la camisa azotada y surcada por las cruces de mi sangre, negándome a confesar meneo la cabeza (hasta donde me lo permite la picota). Puntiagudos, los cuchillos brillan ante el caldero cuyas brasas enrojecen el hierro. Las torturas en tiempo de paz se parecen a las de la guerra. El primer dolor será una cuchillada en la mejilla izquierda. Luego, la marca del hierro candente en el hombro izquierdo. Sentados a la gran mesa entre los doce miembros del consistorio, el Regente Tulp y Jan Six aguantan haciendo muecas el chisporroteo y el olor de la piel quemada.

El tiempo se desliza en mi sueño; no, no renegaré, sin proferir un sonido mi boca aullará la tortura. Unas tenazas me pellizcan el labio, un hierro me quema la lengua. A continuación, contra la madera de la picota, el verdugo me cercena las muñecas, primero una y luego la otra; la sangre brota violentamente de mis brazos sin manos, pero el dolor aún no hace acto de presencia, todavía no. Jan Six lloraba. Nadie en aquella severa reunión percibía como yo los ruidos fuera de lugar de sus sollozos. El Regente Tulp me acusaba, tras sus ojos como brasas, ardía en deseos de oír mi confesión.

Sin dientes, sin boca, con las mejillas aspiradas por su respiración, que pronto será la postrera, el Anciano dice las palabras (así pues, la muerte inminente no hace mejores a los hombres):

—Vivís con él al margen de las leyes de nuestra Iglesia. Todavía podéis obtener el perdón si le abandonáis, si volvéis a casa de vuestra madre, donde daríais a luz a vuestro hijo.

—No puedo, le necesito y él me necesita.

—Os mostráis rebelde a la ley de nuestra Iglesia. Ofendéis gravemente a Dios. Entristecéis al Espíritu Santo, Hendrickje Stoffels. Ni la Iglesia ni la ciudad pueden permitirlo.

Incluso en mi sueño, conocía con antelación las torturas de nuestras Provincias Unidas. Tras la exposición pública, seré ahogada en un tonel o enterrada viva. Pero antes me reventarán los ojos. Ya no veré a mis verdugos. No era a mí a quien el Regente Tulp hablaba con los ojos en blanco. Era a Rembrandt a quien veía, a través de mí era a él a quien acusaba. Que no quería que nadie de su familia frecuentase a Rembrandt van Rijn. Que a todos los habitantes de la ciudad que aún no estaban al corriente los alejaría de un artista que prefiere la fealdad a la belleza; de un pintor que no pinta al gusto de los compradores, de un hombre diferente y demasiado libre. Por todos los medios que ofrece el poder. Tanto temor y tan intenso odio me despertaron. Ignoro si un sueño es susceptible de predecir. Los sueños no son creencias campesinas, pero guardaré para mí las palabras escuchadas que acusan al Regente Tulp. De ser el que ha querido y el que ha hecho. El que me ha condenado.

El más anciano (al que su muerte muy próxima no ha convertido en mejor persona) abre la boca desdentada:

—En lo sucesivo sois indigna de cenar a la mesa del Señor, profanaríais el sacramento si fuerais admitida a ella.

Dios, sálvame, me hundo en un lodazal sin fondo y no hay nada donde sujetarme. El aire es ya menos líquido, lo que veo, menos transparente. ¿Quién eres tú para juzgar a tu prójimo? La carne de los doce hombres de negro ya es pasto de gusanos.

Mis dedos se buscan y se entrelazan. Tras haber dado gracias, partió el pan y dijo: «Tomad y comed, éste es Mi cuerpo». Bastan unas pocas palabras para pronunciar la sentencia. Al igual que los acróbatas, los malabaristas y los banqueros, soy expulsada de la Iglesia a la que pertenezco desde que nací. Indigna de cenar a la mesa del Señor. Que cada cual se examine a sí mismo y, en consecuencia, que coma de ese pan y beba de esa copa. Bebed todos, pues ésta es Mi sangre. Él perdonaba, incluso los pecados de las putas. Hasta Judas, el traidor, que todavía no Lo ha besado, hasta Judas celebró la Pascua cenando a Su mesa con Él. Proscrita por el Regente Tulp, ya no comeré de ese pan. En memoria Suya, indigna, en la copa de la Iglesia ya no beberé Su sangre.

«He aquí al hombre», dice Pilatos. El ácido ataca el cobre que has excavado, Cristo es presentado a la multitud. El gentío vocifera: «¡Crucifícalo! ¡Crucifícalo!…». Jesús, con las manos atadas y sin luz en los ojos, mira más allá. Sacrificado. El pesado cilindro de la prensa aplasta el papel mojado contra el cobre entintado. Miro la primera prueba, veo tu compasión por los ignorantes. Veo tu decepción y tu dolor.

Mis plegarias serán siempre las mismas. Es la ley de los hombres la que me condena, no la de Dios. Al presente, los hombres de negro hablan entre ellos. La Iglesia y la ciudad no pueden permitirlo. Bajo sus sombras que me engullen, he dejado de respirar. Dios, sálvame, el agua me llega a la garganta, me paso una mano por la cara a fin de aplastar las perlas de sudor. Me hundo en el agua y la corriente me arrastra. Para dejar de pensar, me doblo en dos en torno al corazón de mi hijo. Antes de las fiebres y las pesadillas.

Caminé a lo largo de los canales familiares sin reconocerlos. Lo que oí no había sido dicho, no oí nada. La gente, en pequeños racimos, se me iba uniendo. Cantaba, bailaba, con los brazos alzados hacia el cielo y cruce de risas, una farándula a mi alrededor. La guerra ha terminado, Holanda e Inglaterra han firmado el tratado de Westminster, el carillón de la Westerkerk desgrana la nueva paz. Los diez cuernos y la bestia odiarán a la prostituta del Apocalipsis; comerán sus carnes y la quemarán en la hoguera. En mis oídos, unos insectos negros zumban «puta, puta», siempre la misma palabra mientras la farándula alborota a coro sobre los ladrillos de la ciudad.

Durante mis fiebres no vi a la cigüeña emprender el vuelo. Ya no está en nuestro tejado. Ni ella ni sus cigoñinos. Tal vez regrese algún otro año.

Pronunció la bendición, partió el pan y se lo ofreció. Entonces sus ojos se abrieron y Lo reconocieron; luego se hizo invisible para ellos. Lo que tu buril ofrece a la vista es lo invisible, la mirada de Cristo y Su gloria.

Uylenburgh se ha mudado. Aún no se trata de la bancarrota, que hace que a uno lo señalen con el dedo, pero se lee el miedo en sus ojos. Ya en el mismo vestíbulo su mirada se dirige a mi vientre. Sonríe casi enternecido. Mientras el brazo de Rembrandt me rodea los hombros, me apoyo contra su pecho, descanso la espalda, que sostiene un peso demasiado grande.

—La guerra ha terminado, pero los notables tienen la costumbre de mantener bien guardado su dinero. El comercio no se recupera. Esa condena es una desgracia, son muchos los que en lo sucesivo volverán la espalda a esta casa…

Rembrandt levanta la cabeza.

—Eso nos evitará la frecuentación de los imbéciles, gracias a ellos ganaré tiempo.

—¿Jan Six os ha hecho una visita? —pregunta entonces Uylenburgh.

Rembrandt me mira. El detalle resulta desagradable; no, Jan Six no ha vuelto a la Breestraat desde mi exclusión de la mesa del Señor; no desde el día en que se llevó su cuadro apenas seco, el regalo para la prometida a quien acaso no le haya gustado, en cualquier caso no lo ha agradecido. No supone ninguna sorpresa, la fidelidad de los amigos tiene sus límites, sobre todo para el yerno del Regente Tulp. Apenas una decepción.

Uylenburgh comprende lo que obliga a Jan Six a tomar esa opción: el Regente en que el doctor Tulp (que ya no frecuentaba a la gente de baja condición) se ha convertido no permite que sus allegados (y en especial el marido de su hija) frecuenten a personas de mala reputación. Desde que su comercio de arte se precipita hacia la quiebra, ni siquiera con Uylenburgh tiene ya relaciones el Regente. Alguien que fracasa ha sido dejado de la mano de Dios, la quiebra constituye un pecado.

Nadie lo sabe, ni siquiera tú, amor mío: esa mala reputación que recae sobre mí, pero ante todo sobre ti, es tal vez el Regente Tulp quien la ha querido. No tengo pruebas y jamás lo repetiría en voz alta. Además, demasiado indigna, ¿quién habría de creerme? Nicolaes Tulp le robó el nombre al tulipán. Cuando yo tenía diez años, dos bulbos de Semper Augustus costaban tanto como la casa de la Breestraat. Después, las autoridades tildaron aquello de locura y obraron en consecuencia. Los precios cayeron en picado, divididos por diez. La caída del tulipán precipitó quiebras y propició la aparición en los muros de ganchos para los ahorcados. El tulipán no es una flor inocente, contiene un veneno mortal.

—Por lo demás —prosigue Uylenburgh—, ¿sabíais que Six acaba de encargar un retrato de su esposa a Govaert Flinck?

Agobiado, veo cómo te doblas. Tu espalda se curva, la cabeza se inclina hacia delante. Apenas, pero lo veo. Prefieres la soledad a la compañía de aquellos que desde hace mucho tiempo venden su alma al comercio y a la gloria. Sin embargo, esas pequeñas traiciones aún siguen haciéndote daño, amor mío, lo sé. Es ese tipo de dolor que vuelve la cabeza más pesada. La réplica es mía: que Flinck tratará de plasmar hermosa a Marghareta Tulp, pero que, aunque la aureole de flores y follaje, no logrará ocultar su papada, que hace olas, ni sus ojos, que ruedan como canicas y amenazan con saltarle de la cara.

Tus últimas pinceladas acarician a Betsabé. Me cosquillean, tiernas, mas mi memoria no cesa de repetir que soy una puta. Querías ver la pesadumbre en mi rostro. Con la carta del rey David entre mis manos, el sacrificio se ha consumado.

Los coleccionistas quieren grabados. Clément de Jonghe lo repite, se trata de su negocio y su dinero. Dice también que Jesús todo amor se vende bien. Crucificado en la tercera hora,
entra en la agonía en la sexta y expira en la novena. Nueve, la
última cifra, el fin y la resurrección. Dice que en estos tiempos de guerra y de peste, la moral se ha convertido en algo que
brilla por su ausencia. No obstante, el hombre la necesita. Y
cuando no olvida que se oculta en su interior, es su bondad lo
que anhela recuperar, a modo de un espejo, en tus grabados.

De nuevo ese dolor, ahí, a cada lado, en la parte inferior de la
espalda. Gimo contra ti, que ya no puedes dormir. La oleada
se calma para luego regresar. Otra vez, y varias más. Nueve, el
final y vuelta a empezar. De pronto comprendo que el bebé ha
comenzado a adentrarse en el túnel de mi cuerpo, el camino
hasta nosotros, su liberación y la mía.

Rembrandt ha bajado las sábanas. Con fuerte voz y a grandes pasos, ha despertado a toda la casa. Geertruid ha ido corriendo a la Zwanenburgstraat en busca de la comadrona; es
una hermosa mujer, con agujeros entre los dientes. Pero cuando no separa los labios su sonrisa es dulce.

En la meridiana de partos instalada en el centro de la habitación, separo las piernas y los muslos. La comadrona vuel-
ca el frasquito de barro que lleva colgado al cuello mediante
una tirilla de cuero y deja caer un chorrito de aceite en sus manos. Se las frota una contra otra, las engrasa bien. Las manos
suaves pueden entonces deslizarse, entrar y acercar lo más posible al bebé a punto de nacer. Las manos suaves saben, son
manos mágicas.

Entre mis rodillas levantadas, los paños ocultan y protegen. La comadrona los cambia con frecuencia y enjuga los flui-
dos que escapan de mi interior. Más allá de las rodillas, barreños humeantes pasan sin cesar. Judith y Geertruid atraviesan
la estancia en un sentido y luego en el otro, con el rostro colorado y brillante tras el humo que desprende el agua. Los paños

lavados se secan ante la chimenea del dormitorio. Entre dos empujes, me olvido de cómo tragar aire. Las voces zumban, todo el cuarto está lleno de ruidos. Una tras otra, las vecinas curiosas y sus sirvientas vienen a ver si el dolor, los gritos o la desgracia acompañan a este nacimiento. Vienen a ver, tal vez a ayudar, a recordar también. Dan consejos que yo no oigo. Rembrandt les ofrece un vaso de ponche* y mazapán.

Te has quedado a mi lado, amor mío, como hiciste con los cuatro bebés (tres pobres ángeles) de Saskia. Dices que una idea nueva que impera entre los notables es que los hombres deben salir de la habitación donde tiene lugar el nacimiento. Es a la mujer a la que el dolor descuartiza más allá de sus nueve aberturas, pero es el hombre quien no puede soportarlo. A ti eso te gusta, esas dos vidas y su sangre. Tu mano me despega el cabello de la frente. He dejado de respirar. Es un fuego lo que va abriendo camino y desgarra. Judith sabe, al igual que yo, que los malos espíritus se desvanecen cuando ven algo azul. No se sabe por qué, ni nadie intenta averiguarlo, simplemente es algo sabido. Muy bajito, para no molestar, me susurra al oído: «Las velas tienen una hermosa llama azul». Señor, ten piedad de Tu oveja. Y perdóname si he pecado.

La mano de la comadrona se ha deslizado sin esfuerzo. «Empujad», dice. No me castigues por el mal que yo no deseaba, que no era consciente de que cometía. Y empujo. Es toda mi cara, roja y arrugada, la que empuja en torno a mis ojos cerrados. Si el niño es escamoso o carece de ano, no le permitas vivir. Empujo y grito para no oír tanto el estrépito del dolor. Los vapores de los barreños se cruzan y se encuentran, la espera y los cuchicheos también. La resurrección de la carne y la vida eterna. Amén. Y si le cuelgan las entrañas fuera del cuerpo, que yo muera antes de haberlo visto.

* Vino blanco azucarado y aromatizado con canela.

La comadrona ha retirado la mano. Tendida ahora sobre mí, de través, hace fuerza sobre mi vientre. Con todo su peso. Esbozando una gran sonrisa tranquila, vuelve la cabeza hacia mi grito. Con todo su peso, con todas sus fuerzas, presiona la gran ola de mi vientre.

Ya está, la cabeza ha pasado. De la nada a la vida, de las tinieblas a la luz. Coloradas y enternecidas, las caras miran la novena abertura y la cabeza del bebé. Como si jamás hubiera existido, olvidado ya, el sufrimiento se ha evaporado tan pronto como ha pasado la cabeza. Sin esfuerzo, el cuerpo del bebé se ha deslizado para seguirla. Me besas. «Una niña —dices—, es una niña.» Sí, amor mío, una pequeña Cornelia. Por el nombre de tu madre y de las dos criaturas muertas. Colgaremos en la puerta de la Breestraat la tablilla de seda roja ribeteada de encaje con el centro de papel blanco que por sí solo manifiesta que el recién nacido es una niña.

Con el fin de dejar de oír las voces parlanchinas y demasiado numerosas, cierro los ojos. «Una niña», repite muy alto la comadrona a las reunidas, antes de cortar el cordón mediante el cual he estado alimentando a mi bebé, a mi hija, a lo largo de nueve meses. La pequeña Cornelia, tan diminuta…, una gran oleada de amor se apodera de mí, rápido, que me la pongan sobre el pecho desnudo y la rodearé con mis brazos cruzados; pero ya la comadrona la envuelve con un paño caliente antes de ofrecerla, mientras lanza su primer grito, a los brazos vacilantes del padre. Dice la frase: «He aquí a vuestra hija. Que nuestro Señor os conceda a través de ella mucha felicidad, o que no tarde en llamarla a Su seno». La sonrisa roja de Rembrandt deja claro que no la ha oído. Y yo tampoco, no todas las palabras. Que nuestro Señor nos conceda por mediación de ella mucha felicidad.

Vecinas, maridos de vecinas, familias enteras han entrado en el dormitorio, beben y ríen. Cierro los muslos y aprieto las piernas; lentamente me incorporo, medio sentada. Rembrandt surge entre el vaho de agua caliente y el guirigay, toca-

do con el gorro de padre de un recién nacido. Bajo las plumas
verdes y amarillas, su rostro demasiado encendido exhibe una
sonrisa de ponche. Me tiende su vaso, con el que me mojo los
labios. Está orgulloso el padre, colorado y orgulloso. Levanta
en alto al bebé, para que todos lo admiren. Una vez más, antes
de que la madre descanse, antes de que, una vez hecho de nuevo el silencio, lo alimente y lo acune.

Es tan chiquitina… Me tiendo en nuestra cama. Llora en su cuna de paja verde, que mezo con un leve movimiento del pie.
De inmediato, a los primeros gritos, ve mis brazos tendidos
hacia ella, las pinzas de mis manos que con rapidez la levantan, a mi plumita, y (liberado del corpiño, y rebotando) un pecho como un gran globo doloroso; con ese pezón rojo, duro y
suave a la vez, un tanto escamoso y que huele a días de leche,
con el pezón mamá, que duerme las agudas penas del hambre.
Hasta las siguientes. Le pongo los pañales, la visto, dejo que
agite con libertad en el aire los bracitos y las piernas. Ephraïm
Bueno bebe un vaso de ponche y lo levanta a la salud de Cornelia. Repite que no cree que la fajadura ayude a los huesos a
crecer con la forma correcta. Ya Aristóteles pedía que permi-
tieran a los recién nacidos menearse y hacer todos los movi-
mientos posibles. Llamaba bárbaros a aquellos que se sirven
de tablillas para mantener recto el cuerpo de un bebé. Desde
hace nueve meses ya sé que escucharé sus consejos, no haré
de mi hija un paquetito, un diminuto capullo fajado, como hacía nuestra madre con nosotros, y su madre con ella.

Duermo poco, soy madre. Entre mis brazos y mi rostro inclinado hacia ella, protejo a Cornelia, nuestra hija. Tu buril raspa el barniz del cobre. Mi mejilla roza la suya. Escucho muy de
cerca su aliento leve, su imperceptible respiración. Sentada en
una silla, me mezo acunándola. No me dormiré, pero cerrar
los ojos me descansa. Tú nos acechas por la ventana, te limi-
tas a mirar, eres José enternecido. La luz que se cuela en la es-

tancia por el óvalo del cristal pertenece a otro mundo. Traza una aureola por encima de las dos cabezas unidas, la madre y la hija. Grabas la Sagrada Familia. El gato, a nuestro lado, duerme también. Todo es apacible. Dios vela por que así sea. La criatura es hermosa, la madre no ha pecado.

Luego has dibujado el animal traidor y venenoso, la serpiente del demonio. Has rascado el barniz negro y ella ha aparecido, surcos de sombras, trazos de cobre dorado y centelleante. Repta y desaparece bajo mi vestido.

Digo a Rembrandt:

—¿Por qué ese peligro?

—Ya no supone peligro alguno. Tus pies la han aplastado ya. El bien ha vencido al mal.

Te inclinas, primero hasta mis labios, luego hasta Cornelia.

La pintura y el olor de tu cuadro se han secado. Betsabé es una víctima. Es hermosa, es pura, su destino está trazado. Sólo cabe compadecerla y amarla. Pero yo sé que Betsabé es una puta.

1655-1658

Como si durante todos estos años no hubieras hecho sino eso, vender. Luchar, esperar y, finalmente, aceptar las cosas tal como venían. Martillazo del tasador de subastas. Separarte de los objetos y de las obras, las tuyas y las que te colmaban de placer. Desgarrarte. En el espejo de marco de ébano del taller, los huecos cada vez más oscuros dibujan tu rostro en torno a la nariz, que va enrojeciendo y haciéndose más gruesa. Sólo a Dios la gloria. Ya no se trata de cólera, aún no ha llegado el momento del miedo, es tiempo de cerveza y de ginebra. Sentada frente a ti a la gran mesa, demasiado cansada para subir y deslizarme en nuestro lecho, voy perdiendo la confianza. He bebido mi primer vaso, la ginebra es el fuego del diablo. La cerveza lo apaga.

Los golpes repetidos del martillo del tasador de subastas retumban en la mesa, golpean en la cabeza. Un ruidito hueco, es el vaso vacío que deposito sobre la mesa. Ya no sales del taller. A la luz del pincel, con cada pintura respiras aires nuevos, a solas ante tu caballete, lejos del dinero.

Durante un año entero amamantaré a Cornelia. Sus manitas apretadas se cierran en la nada entre ella y yo, sus labios aspiran el vacío antes de tragar mi pezón. En el eco helado de la Oude Kerk, que repite las plegarias, fue bautizada nuestra hija, la hija de Rembrandt van Rijn, el pintor, y de Hendrickje Stoffels, la puta. La Iglesia accedió a ello de buen

grado; así pues, mi exclusión de la mesa del Señor sólo inte-
resa a la ciudad.

Por el bautismo, a la hora de Su muerte, fuimos sepulta-
dos con Él, las palabras surgen de la boca del predicador, a fin
de que, al igual que Cristo resucitó de entre los muertos por la
gloria del Padre, también nosotros llevemos una vida nueva.
Nuestra hija, nacida de padres temerosos de Dios, es una elegida Suya. El agua resulta fría sobre su frente y sobre sus dimi-
nutos labios, que se agrietan cuando chillan. Y si Él se la lleva
de esta vida durante su infancia, el bautismo le asegura la salvación.

Me agarra un dedo, se lo mete en la boca, que se pega a su
alrededor, y lo mama. (Una gran oleada de amor asoma a mi
mirada.) Mi dedo chupado, aspirado, toca la cavidad oscura,
entre la lengua y el paladar, descubre el interior del cuerpo de
mi pequeñina, su aliento húmedo y cálido, el interior de su vida. Más tarde, con los ojos semicerrados, la cabeza demasiado
ladeada y los labios entreabiertos, hinchados y brillantes a causa de la leche azucarada de mi cuerpo y del sueño que la invade, Cornelia se dormirá. Lenta y tranquila, su respiración se irá
repitiendo, yo cerraré los ojos.

En el taller de los discípulos, Willem Drost y Bernhard Keil
trasladan con gruesas brochas la cola fuerte a los lienzos vír-
genes. Acto seguido preparan los colores para los fondos des-
liendo largo rato el polvo de color en el aceite de adormidera.
Para que el tiempo de Rembrandt transcurra menos deprisa
en la ampolleta. Para que cada toque de tu pincel sea siempre
el primero, siempre el último. Es lo que dice Titus con sus
grandes ojos. Mira dormir a Cornelia, a la que llama su hermana, le sonríe sin saberlo.

Sentado a su pequeño escritorio, tiene ante sí las plumas
de oca nuevas, el tajador, el frasco de tinta y la caja con arena
para secar lo escrito; a grandes trazos de brocha rápida, Rembrandt ha pintado a Titus. Es tu ternura la que ha hecho ese

retrato, como otras tantas plegarias, es el amor y el miedo lo que tu pincel ha aplastado sobre el lienzo. Con sus grandes ojos que piensan, Titus sigue siendo un niño. Es apuesto, y por él temo a la vida, al frío y a la peste. Tengo miedo asimismo por Rembrandt; muy dentro de mí sé que si la sangre dejara de correr por el cuerpo de su hijo, todo en él se detendría. La vida se detendría.

A la hora en que los que encienden los faroles iluminan, cada doce casas, las calles de la ciudad, Abraham Francen llama algunas veces a la puerta de la Breestraat. Hay en su mirada la misma bondad que se percibe en los ojos de Ephraïm Bueno, y me digo que médicos y boticarios tienen los mismos ojos, acaso idéntica bondad. Sube al taller. Sin hablar, examina los grabados a la luz más favorable, se inclina largo rato sobre ellos. Su mirada se detiene. Rembrandt dice que sabe reconocer un hermoso dibujo, el milagro del trazo que sólo se consigue una vez.

Cena con nosotros a menudo. Habla con palabras sencillas del arte (la escuela de la vida), de Dios y de la muerte. Se sirve varias veces ragú de ternera con jugo de melón. Suele enunciar asimismo consejos, que interrumpe cuando Rembrandt le pide con un frunce de cejas que se abstenga de preocuparme. Fue él quien pronunció por primera vez en mi presencia el nombre de Thomasz Jacobsz Haaringh, que es conserje en la Cámara de los Insolventes. Como su padre lo fue antes que él.

Por la noche, a toda prisa en cuanto oigo los primeros gritos, me levanto y froto con aceite de enebro las encías de Cornelia, que las agujas de su boca atraviesan.

He abierto la puerta y he dejado que el sol frío de la primavera barra la entrada. No es una sonrisa, no, sino más bien una especie de piedad sin fondo lo que me dirige Thomasz Haaringh. El corazón me late con más fuerza en el pecho y la sangre corre veloz por mi cuerpo. La escalera se inclina, menos

recta de pronto, la luz se vuelve más blanca, un miedo helado
me seca los labios. Mientras la escalera vuelve a enderezarse,
Thomasz Haaringh me oprime el brazo. «Rembrandt os aguarda», le digo, y su bondad triste me acaricia.

Mis manos levantan la amplia camisa blanca que anchos rayones de pintura han tejido. En la charca transparente, mis piernas, cortadas por la superficie del agua, se alargan bajo tu pincel. Con el rostro inclinado, miro fijamente el claro fondo.
Avanzo con lentitud, voy a bañarme. Detrás de mí, depositada a la sombra de una roca, una pesada tela rojo y oro (la de la
Betsabé que lee la carta del rey David, sí, la misma), la que
siempre cuelga de dos clavos en la pared de tu taller, colorea el
agua espejeante y el cuadro entero de rojo y oro. Entre mis
muslos la sombra se oculta. Creo estar sola, mas tú me acechas, es el instante previo a la desnudez. El rey David contempla a Betsabé justo antes de que se quite la camisa para bañar-
se. El destino se ha consumado. Se inicia el gesto, el agua está
fresca.

El escote es grande, amplio el pecho; más abajo, la tela cubre los senos blancos y redondos, hinchados de la leche en que
la cerveza negra de Rotterdam se convierte en mi cuerpo. Pesadas bajo la camisa, las formas se adivinan. Los muslos y las
pantorrillas son sólidos. Los años pasan y yo voy engordando.
Es la niña, es el frío, la leche y la cerveza. También la ginebra.
Una sonrisa pálida ensancha todavía más el rostro. Me has pintado como me ves y como te gusto. Para ti la vida siempre está en lo cierto, y en todo momento amas la vida por encima de
una belleza que miente. Para ti la verdad es la belleza. Es lo que
ves, lo que pintas, incluso cuando la liga hunde su marca en
un muslo demasiado blando.* Amas todas esas vidas cálidas

---

* Rembrandt fue criticado por el realismo de algunos dibujos (como el
de esa mujer), que sus detractores consideraban de pésimo gusto.

que te mueven a la bondad mientras siguen palpitando bajo los senos, y que un día se detendrán. Entonces dejarán de parecerse. Se alejarán de ese momento en que la sangre circulaba todavía en el interior, despertarán en ellas los gusanos glotones. Mil túneles excavarán a fin de que el olor se instale.

El tiempo no me ha olvidado. La piel de las mejillas está salpicada de estrellas rosadas que, antes de reventar, no existían. Los bucles de mis cabellos brillan menos, también los ojos. Es el cansancio, las noches cortas a causa de la niña y el miedo. Es el tiempo. La cerveza y la ginebra hinchan los párpados. Dos vasos e incluso olvido a Judas el traidor, sentado entre los doce a la izquierda del Salvador, a la mesa de la que yo fui expulsada. Mis mejillas han engordado y parecen fundirse; se deslizan hasta más abajo de la línea del rostro que media entre la barbilla y la oreja. El contorno desborda, el rostro se ablanda. La joven en camisa pregunta al pintor si la sigue prefiriendo. Pero él no oye, Betsabé se cree sola, el rey David aún no la ha visto. Betsabé no está triste. No adivina, como el pintor, que no tardará en ser una puta.

Yo sólo sé lo que Rembrandt no me oculta. Pero sé por mí misma que las deudas aumentan y que en casa no entra suficiente dinero lo bastante deprisa.

La mujer ha llamado a la puerta a mediodía. Con el gran diente que asoma de su boca y se mueve entre los labios cerrados, con sus medias de lana negra agujereadas y sus zuecos embarrados, es una sierva del demonio. Sólo quiere hablar con maese Rembrandt van Rijn. Le pido que no avance con los zuecos, que haga el favor de quedarse en el vestíbulo. Sobre todo, eso significa que no se dirija a las otras estancias de la casa. Una mujer con un diente saliente no es portadora de buenas noticias. Rembrandt ha dejado el pincel en la paleta.

Se llama Trijn Jacobs, y cinco años después del proceso ha

oído que su vecina de Edam, Geertje Dircx, ya no estaba en
Amsterdam, sino en el reformatorio de Gouda. Cada palabra
que sale de su boca hace que el diente se mueva. Es lo único que
veo en su cara. Me digo que un día se le caerá sin dolor y sin san-
grar, tal vez incluso sin que Trijn Jacobs se dé cuenta de ello, quizá mientras duerma, hasta el punto de que podría tragárselo. Va
camino de Gouda para lograr que Geertje Dircx salga libre, pues
ninguna mujer (menea el diente), aunque esté enamorada y loca, merece una reclusión de doce años. Miedo de cómo el pasado puede en un instante deslizarse por delante del presente. Y
aun cuando hoy su nombre no evoque el peligro, el recuerdo furioso de Geertje Dircx me hincha la garganta.

Rembrandt avanza hacia el diente, directo a la bruja. Le dice que no se entrometa, que también ella está loca y que man-
dará aviso al reformatorio donde ya cuidan de Geertje Dircx.
Ella ha proferido unas palabras, que Rembrandt era un cobarde, y algunas otras lindezas. Y yo una puta, la puta de maese
Rembrandt van Rijn el cobarde. Luego ha salido antes de que
Rembrandt levantara el brazo; la puerta se ha cerrado detrás
del silencio.

Abraham Francen introduce en casa las noticias de la ciudad.
Joost van der Vondel está arruinado. Ha saldado las deudas de
su hijo, que ha conseguido hundir el negocio de seda y lana de
la familia como si fuera un barco en una tempestad del IJ. Nadie en la ciudad sabe qué estropicios del joven y de su derro-
chadora esposa han obligado a su padre a pagar 40.000 florines, tres veces el valor de la casa de la Breestraat, todo su haber.
El poeta amado de Holanda ha sido abandonado de la mano de
Dios. Pero no de los hombres, no de los Regentes de la ciudad,
no, no de los hombres de fortuna y de poder sobre los que
Joost van der Vondel escribe desde hace años poemas elogio-
sos (como el doctor Tulp o Jan Six). Esos hombres saben co-
rresponder a la amistad. Han tenido la bondad («qué digo», se
corrige Abraham Francen, «la generosidad») de ofrecerle un

puesto de jefe contable en el monte de piedad, en el banco de los lombardos, el gran depósito del Fluwelen Burgwal. Desde detrás de su mesa de despacho, Vondel recibirá a comerciantes arruinados. Les ha dado las gracias, ha manifestado lo muy reconocido que está. Sentado todo el día en su despachito helado, anotará cifras y nombres, a lo largo de columnas interminables, en un gran libro de cuentas.

Encontrarse uno paseando junto a un canal, con el rostro inclinado hacia el agua, espejo de la ciudad que limpian las ratas, sin haber y abandonado de Dios y de todos a los setenta años no es ninguna bicoca. Incluso para un comerciante arruinado. Los tres estábamos de acuerdo y sin soltar una sola risa Rembrandt dijo que Vondel escribiría; que entre el polvo que resuena en el monte de piedad, escribiría más dramas teatrales de los que había escrito hasta el momento.* Palabras entre las cifras, así es como agradecería a la ciudad su generosidad. Ahí sí que reímos un poco. Rembrandt sirvió tres nuevos vasos de ginebra. Para mis adentros me dije que, en nuestra situación presente, Rembrandt podría llegar a visitar un día el polvo del trabajo de Vondel, y que entonces tal vez ambos se encontrarían por primera vez. Hablarían de la fuerza de las palabras y de la pintura. No repetí mi pensamiento en voz alta, no siempre es posible separar la risa de las lágrimas cuando se mezclan, aunque sea muy bajito. Sobre todo la risa de Rembrandt.

El rico judío portugués signor Diego Andrada ha pagado ya la mitad del retrato de una joven de la que está enamorado. Besa los labios que tú has pintado en rojo sobre el lienzo. Al final de cada frase, corta el aire en una reverencia con las plumas de su sombrero. Acabar el retrato, que Andrada pague lo

* Esas palabras premonitorias de Rembrandt son casi exactas, si no por la cantidad de obras, al menos por su calidad.

antes posible los otros 250 florines, no, no saldrás del taller, sobre todo no para visitar el nuevo Ayuntamiento.

Con el huik sobre los hombros, el pañuelo anudado bajo la barbilla y la cabeza alta como todas las mujeres de la Breestraat que no han sido expulsadas de la mesa del Señor, camino hacia el Dam. Fue a principios de junio, en la época en que el trabajo de los pulidores de piedra concluía en la Gran Galería, cuando se eligió ese 29 de julio para la inauguración por parte de los Regentes. Antes de eso nadie habría previsto una fecha, un mes, ni siquiera un año, es algo que trae desgracia. Todos los habitantes de Amsterdam, incluso los que no saben leer, están enterados de que en Flandes, la ciudad de Anvers fue arrasada el año de la inauguración de su nuevo Ayuntamiento.

Con la cabeza alta camino hacia el Dam. Por la gracia seréis salvados, por medio de la fe; vosotros no tenéis nada que ver en ello, es el don de Dios.

El primer día de la apertura, quiero ver el interior de nuestro templo de Salomón, que ha sido construido en siete años por ocho millones de florines, y que quizá ya ha dejado a Amsterdam en la ruina sin que nadie lo sepa todavía. Y también a los mercaderes de aceite de ballena y de pólvora de cañón, y a los Regentes. Sí, arruinados sin saberlo. Son ellos los que no inscribieron a Rembrandt en la lista de los pintores de Amsterdam que pintarán los cuadros para la Sala del Consejo. No a Rembrandt, no, pero sí a Jan Lievens, y a tus discípulos Ferdinand Bol y Govaert Flinck.* Y también a los del gremio de San

---

* Jan Lievens vivía en Leiden por la misma época que Rembrandt, y era un año menor que éste. Con ocasión de su primera visita, Constantin Huygens conoció a los dos pintores, amigos y muy similares en lo referente a su arte. Ferdinand Bol fue alumno en el taller de Rembrandt de 1636 a 1642, y Govaert Flinck lo fue de 1633 a 1636 aproximadamente.

Lucas, que pintarán los cuadros para las otras salas. Pero no a mi Rembrandt, no a mi amor. Es cierto que no trabajas como ellos, siempre encerrado en tu taller no sabes lo que hay que saber, no te casas con la hija de un notable, no te vistes con encajes y medias, telas que brillan y lazadas como en la corte de Francia. No haces reverencias.

Frente a tu modelo, frente a tu comprador, la pintura es la que siempre tiene razón. «Además —dices—, los grandes decisores de la ciudad aún no han elegido a los pintores para la Gran Galería.» Todavía esperas. Esperas que se acuerden de Rembrandt van Rijn, que hacía aguardar a los ricos ante la puerta de su taller durante meses. ¿Acaso no han leído el poema del director del teatro de Amsterdam, Jan Vos (quien también sabe hacer bonitas reverencias), que saluda a los grandes pintores de la ciudad? Es gracias a Rembrandt, dice el poema, por lo que la gloria de Amsterdam atraviesa los mares hasta el otro confín de la Tierra. Avanzo en línea recta, a pasitos tímidos por la Gran Galería blanca y negra, demasiado grande para mí. No, amor mío, no te han olvidado, no pueden hacerlo. La Gran Galería, tan grande como ellos mismos se creen, no lo es en exceso para ti.

La sonrisa de Thomasz Haaringh ya no se detiene tanto en mis ojos desde que éstos hablan de mi miedo y mis preguntas. Rembrandt graba su retrato y su sonrisa triste. Es su manera de agradecerle sus consejos, su modo de pagarle. Frente a ese hombre fatigado por las bancarrotas de los demás, ante la bondad lenta propia de la vejez, Rembrandt ha optado por una placa de cobre. No había ninguna barnizada, de manera que ha rayado con el punzón y luego con el buril sin someterla primero a la acción del aguafuerte. Me estrecha entre sus brazos. Susurra en mi oído que Thomasz Haaringh es el mejor de los consejeros, que todo irá a las mil maravillas. La aguja cruza los huecos del metal amarillo en torno a los ojos tristes. La quiebra se producirá sin vergüenza y sin que exista la prohibición de vender obras. Escucho cómo el punzón raya el cobre y doy gracias a Dios por cada día que vivo en la Breestraat a tu lado.

Intento no pensar en los gusanitos que excavan su venganza en la madera. En la madera de los miles de pilotes que sustentan el Ayuntamiento. Mas cuando pienso en olvidarlos ya es demasiado tarde, demasiado tarde en los túneles de mi cabeza.

Todo habitante de Amsterdam puede entrar por una de las tres puertas abiertas de la amplia fachada que da al Dam; subir la gran escalinata y poner un pie delante del otro por las losas negras y blancas. Incluso los rápidos pasos de los notables, seguros de sí mismos y de su caminar, se empequeñecen sobre los cuadrados gigantes de piedra de Bentheim. Quemada por los rayos del sol, la Gran Galería es un espejo blanco para los zapatos limpios de los ricos. No obstante, hoy los zapatos embarrados y los zuecos pueden a su vez subir la gran escalinata y avanzar por la piedra nueva y sin rayones; los ricos y los pobres, los Regentes y los mendigos. Incluso los leprosos abandonan la leprosería para acercarse al Dam, también con la curiosidad de ver, antes de ser expulsados por la compañía de los guardias, el muro de la casa de Dios. Los ricos se sonríen, tranquilizados al encontrarse, menos solos que frente a su espejo.

No se sabe a ciencia cierta por qué, pero no cabe duda, las hogueras de las calles, que queman los miasmas del aire, la han mantenido a raya, la peste se ha alejado. Ephraïm Bueno dice que se ha ido a matar a otra parte. Antes de regresar, pues la peste siempre mata, y siempre regresa. También dice que la nueva guerra declarada contra Inglaterra asfixia el comercio de la ciudad, que más de mil quinientas casas se encuentran vacías porque aquellos que aún siguen comerciando, quienes aún pueden comprarlas o alquilarlas, poseen ya las suficientes.

En los últimos peldaños de la gran escalinata y en las primeras losas negras de la Gran Galería, todos se cruzan y se obser-
van. Cada cual sabe quién es el otro. Entrego Mi vida por mis
ovejas y las conozco. El verano es azul, y los vestidos de las hijas de notables están cortados en bonitas telas de color claro
que brillan. No llevan las gorgueras altas y esponjosas de sus
madres, no, en su caso han cosido alrededor de su largo y bo-
nito cuello un encaje ligero de Flandes, y el mismo en el rema-
te de las mangas. Con una sola mirada, sopesan la tela mate de
mi vestido y el encaje carente de transparencia de mi cuello, al
tiempo que mi bolsa y mi educación. Con una sola mirada saben quién soy, o eso creen. Lo que no saben son los tesoros que
existen tras los muros de la Breestraat. Los vestidos de seda de
las Indias Orientales, las camisas de rey, los jubones y las telas bordadas con hilos de oro, las chaquetas forradas de pieles.

Enmarcada por armiño blanco, te miro a los ojos. La ternura que sientes por mí penetra en mi ser, que te observa, y
en tu pintura. Mis ganas de llorar, que tú has visto y pintado,
son de felicidad. Sé que aquellos que, acabada mi vida y las de
las hijas de notables, contemplarán esos cuadros (que me
confieren una vida más limpia y más prolongada que la muerte) tampoco me conocerán. Vestida como una princesa, sólo
para ti. En los ojos de la puta de Rembrandt no reconocerán
la felicidad.

Abraham Francen dice que Christian Huygens, el hijo de
Constantin Huygens, ha observado el cielo a través de un largo anteojo que él denomina telescopio. Lo ha contemplado como nadie ha podido hacerlo antes que él. Un anillo brilla en el
cielo negro alrededor de un planeta duro como la Tierra que él
llama Saturno, y una extensión de luz ilumina otra que él llama Orión. Sé muy bien que el cielo es vasto y que nosotros somos pequeños, todos en esta gran Tierra que es posible que
gire alrededor del sol. De rodillas doy gracias a Dios por haber
inventado la vida y habernos regalado un trocito; a todas esas

personillas, tú, Titus, Cornelia y yo, a los vivos de nuestras familias y a aquellos que ya han muerto, y a los que todavía no han nacido. Para alejar la muerte, siempre peligrosa, camino un trecho sobre las rodillas; con los labios aplastados en una baldosa negra de la habitación, en ocasiones me tiendo en el suelo helado, repito el nombre de aquellos a quienes amo, y el de mi madre.

En medio del deslizadero de la Gran Galería, viviendo en la misma época y en el mismo lugar, con una mirada nos separamos. No nos conocemos, hasta el punto de ni siquiera vernos. Sé que en el breve tiempo que media entre el nacimiento y la muerte, los vivos no se muestran piedad unos a otros, pero no fue eso lo que Él quiso. Se sienta a la diestra de Dios, el Padre Todopoderoso, y vendrá para juzgar a los vivos y a los muertos.

Cuando las manitas de Cornelia se retuercen sobre su vientre, cuando sus muecas hablan del dolor que experimenta, me apresuro a llevarla a la cocina. En las postreras brasas dejo fundir peladuras de remolacha y miel para luego depositarlas sobre su lengua glotona, y le fricciono el ombligo (que es el lugar del vientre más próximo al interior) con un paño rociado de esencia de comino y de ambrosía.

El signor Andrada ha rechazado el cuadro. Rembrandt se ha visto obligado a defender su trabajo. El signor no pagará los 250 florines que debe. Exige sin hacer reverencias que pintes un nuevo cuadro de la joven, pero que se le parezca. Y si no estás de acuerdo, que le devuelvas el primer pago. Tú enrojeces como un león herido, el rey de los animales tendido sobre su llaga, lejos de los barrotes, en lo más oscuro de su jaula. Un comprador, un hombre que ama tu arte, te ordena sin la menor vergüenza que empieces un nuevo cuadro. A ti, Rembrandt. Por espacio de meses ante la puerta de tu taller, aguardaban para que su inmortalidad fuera plasmada por ti y por ningún otro. El tiempo borra la gloria, no los recuerdos ni los insultos.

Prorrumpes en una risa demasiado estentórea, es un sollozo en tu garganta.

—Jamás la ha visto, nunca la ha mirado verdaderamente, a la joven que le ayuda a gastar su dinero. La espera blanca y pura, pero ella lo quiere todo sin dar nada a cambio. Pura lo es, pero no blanca. Y cuando posa durante horas, la dulzura y la modestia de su rostro se desvanecen. Es cierto que la sombra de la nariz, allí, con dos trazos de pincel, resulta un poco fuerte, pero ¿acaso es culpa mía si, al ser morena, lo que en otra sería pelusilla en ella se convierte en bigote?

Rembrandt golpea el vaso vacío sobre el mantel. Abraham y yo reímos tanto que lo que oímos se parece a una risa.

Fue crucificado, descendió a los Infiernos, subió a los cielos. Para librarte de él, desearía hacerme cargo de tu sufrimiento, pero sólo me cabe entenderlo. Sé que siempre tienes razón. Sólo cuentan el amor y la obra. Porque después de nosotros la vida continúa, y las pinturas también.

Hago lo que puedo por ayudarte, por procurarte alivio. Que la casa esté limpia todos los días. Te masajeo la espalda por la mañana y por la noche. Cuando Titus regresa de la escuela latina, juego con él una partida a los dados. Vigilo a Cornelia, que aprende a caminar con el andador. Y cuando manifiesta con fuertes gritos que quiere salir, nunca olvido cubrir los rizos de su cabello con la chichonera provista de rodetes de cuero para impedir que se rompa la cabeza cuando cae sobre ella.

Rembrandt, mi amor, se queja en ocasiones de sentirse demasiado cansado para experimentar inquietud. Demasiado viejo, dice. No, amor mío, aunque te duelan las muelas y las encías, no envejeces; lo sé, todos los días lo veo, es la luz de tu mirada, es la bondad. Demasiado viejo, dices, y también que la vida resulta peligrosa para los niños pequeños, y que el amor por los hijos es un sufrimiento que no cesa hasta que llega el final. El día en que Cornelia cayó sin su chichonera contra la esquina de la gran mesa (que le hizo un corte en la mejilla del que brotaba mucha sangre), Rembrandt dejó a un lado el pincel. Corrió por la escalera y procedió a serrar y cepillar todas las esquinas puntiagudas de los muebles de la casa. Mesas, sillas, cofres, trinchero, y también mi armario, todos los redondeó.

Abraham vino una noche con su hermano Daniel, el cirujano. La misma sonrisa, la misma dulzura. Aventuro preguntas, susurro muy bajito las palabras para que los gusanos de mi interior no se despierten. El cirujano corta por la carne los cuerpos, por la piel y por los huesos, luego recose y seca la sangre con fuego.

—Sí —responde en voz demasiado alta Daniel Francen—, el olor de la vida está en el exterior, nunca en el interior.

Mantengo abierta la puerta que da a la Breestraat. Rembrandt estrecha la mano de Abraham, y luego la de Daniel Francen. Una vez más, nos da las gracias. Está noche no sacarás la botella de ginebra de la alacena. Tu suspiro es tranquilo.

—Aún existen hombres buenos sobre la tierra, puesto que todavía los hay en Amsterdam. Nos presta tres mil florines, y sin embargo la clientela de ese hombre no es rica. Soy yo quien ha insistido en lo de los intereses. Ha dicho que si, para mi desgracia, y la de los aficionados al arte, estuviera otra vez en dificultades, que se lo reembolse con cuadros. Así pues, aún existen en Amsterdam hombres cuyo interés en la vida no se cifra sólo en el dinero. Hendrickje, bésame.

Los tambores y los cantos de los niños se acercan. El primero de septiembre, la comitiva da la vuelta a la ciudad; en cada calle se va hinchando de niños que acuden, y de sus gritos. Desde hace diez años, la ciudad les abre el edificio de la Bolsa la primera semana de la kermés. En el amplio patio cuadrado, Cornelia abrirá desmesuradamente los ojos ante la pirámide de los acróbatas, ante el payaso Pekelharing, ante las muñecas vestidas con bonitas telas claras y brillantes (como las hijas de los Regentes), que lucen amplios escotes de encaje y que, con una música de espineta, levantan por sí solas un brazo, vuelven la cabeza y separan los labios en una sonrisa de dientes demasiado blancos. Titus lleva de la mano a Cornelia, no la soltará, lo promete, y estarán de vuelta dentro de dos horas, antes de la puesta de sol. Al igual que yo, sabe que una Cornelia de rizos dorados alborota a los ladrones de niños y los carniceros de la ciudad, todos presentes hoy en el patio de la Bolsa. A modo de amuleto, deslizo en la parte superior de su brazo desnudo la rosca de pan que habrá de protegerla. Torciendo el brazo doblado hacia la cara, inclinada, entre dos risas se la comerá.

El préstamo de Daniel Francen ha pagado las pequeñas deudas de todos los días y el coste de la vida, pero se va con mayor rapidez de lo que el dinero entra en casa. Sigues sin haber reembolsado al consejero Cornelis Witsen ni al comerciante Hertsbeeck, y no veo cómo podrás hacerlo; se trata de sumas importantes que la vida cotidiana no te permite conservar.

Por eso, tres meses después de su primera visita, Thomasz Haaringh te ha ayudado a elegir lo que pondrás a la venta, la primera venta, decidida por vosotros dos. Los alumnos han acarreado por la escalera dos estatuas de mármol del italiano Rafael y veinte cuadros, ocho tuyos y doce pertenecientes a tu colección. También han hecho girar hasta la puerta de entrada, sobre el pie redondo, la hermosa y rara mesa, trabajada con losanges de mármol italiano de colores (rojo, verde, blanco y azul), sobre la que estaban posadas las esculturas de mármol. Tú te has quedado en el taller. No has querido ver cómo las obras amadas abandonaban la casa, tampoco asistirás a la venta. Sabes con antelación que, con la guerra y la mayor lentitud del comercio, el dinero ya no vale lo mismo que antes, y que jamás te será devuelto el precio de la belleza perdida.

Pese al dinero que escasea, la vida continúa. Y si la vida continúa, incluso con deudas, la familia no debe pasar hambre. El día antes de la venta, Judith, Titus, tú y yo hemos elegido en el mercado de carnes la pieza en canal que proporcionará la carne para todo el año. Y ese día, mientras cuadros y esculturas de tu colección eran vendidos, con la fuerza que proporciona la tristeza, solo por la escalera y hasta el taller llevaste la gran res sobre los hombros. Desde el patio donde aguardaba el cuchillo de Judith, de peldaño en peldaño, la subes, la arrastras. Bernhard y los aprendices han oído la resonancia demasiado pesada, el deslizarse por la madera del suelo, tu respiración que traducía el esfuerzo. Sin comprender lo que estaba oyendo, Bernhard ha acudido desde tu taller. Ha mantenido sobre la espalda el animal rígido y desprovisto de la grasa mientras tú lo atabas a una viga; las patas de atrás bien separadas como los brazos de Jesús en la Cruz, la cuerda, del grosor de tu pulgar, atada con varias vueltas en torno a las patas. Has mirado largo rato al animal rígido y desollado, y durante un buen rato, al mirarlo arrugabas los ojos.

Con la brocha lanzas sobre el lienzo salpicaduras de pintura y de sangre, vomitonas de grasa, jirones de carne muerta. Arañado en la pintura, con los huesos del interior abiertos, el animal descuartizado se abandona. La muerte es roja. Llamo a la puerta como siempre hago. Luego un poco más fuerte; entro sin que haya respuesta. Tu camisa está roja por la pintura que tus manos han extendido, rayada por los colores que la brocha ha cruzado, allí, en el punto que late, como si también tú te hubieras convertido en res en canal. Desnudo en tu sangre, los dos armazones de tus huesos abiertos de par en par, lejos de uno y otro lado del punto que late, sufres con cada golpe que te da el pincel. Desollado, ofreces a quien quiere verlo tu interior que palpita. Tu sufrimiento es mudo. Yo no sabía las palabras. Me quedé, te contemplaba, te admiro.

La mujer con el diente en mitad del rostro ha regresado. No entra, el diente que se mueve dice que ni un pie en esa casa. Ha venido a Amsterdam para decir al cobarde Rembrandt van Rijn que Geertje Dircx ha sido liberada del reformatorio de Gouda y que ha vuelto a su casa de Edam. Que no ha podido venir por su propio pie y comunicar la noticia (buena, ¿verdad?) porque seis años vividos en medio del frío y los olores, rodeada de bocas desgarradas que gritan de la mañana a la noche que siguen con vida, esos seis años han hecho que Geertje Dircx cayera enferma.

Thomasz Haaringh llama a la puerta. Me saluda lleno de afecto y de tristeza. Sube al taller. No viene a posar, su retrato ya está grabado e impreso. A mi primera pregunta has respondido que todas esas deudas, todos esos problemas, constituyen un fastidio; sí, los prestadores quieren ser reembolsados de inmediato, y que Thomasz Haaringh, que conoce las leyes y cómo servirse de ellas, ayude a ganar tiempo y dinero. Nada de inquietud, sino tiempo perdido para la pintura, y demasiado cansancio para repetírmelo tras su marcha. Comprendo que ahora sólo hablarás de los momentos que no puedas ocultar.

No es Titus quien tiene deudas, a él no pueden quitarle nada. Y tú, su padre, a petición de la Cámara de los Huérfanos, le debes 20.000 florines. Para que la Cámara de los Insolventes no te la quite, en mayo pones la posesión de tu casa a nombre de Titus.

En julio pides una *cessio bonorum* a la Suprema Corte de Holanda, en La Haya. El sol flota sobre los canales pero yo tengo frío, las palabras latinas no me dicen nada, incluso su secreto produce escalofríos. Los niños se han acostado y, despacio, me lo explicas. Bajo la protección de la Suprema Corte, ya no pueden amenazarte con la prisión ninguno de aquellos a quienes debes dinero, ni el consejero Witsen, ni el comerciante Hertsbeeck. La prisión, amor mío, no me lo había imaginado. Ganas seis semanas para decir a la Cámara de la Desolación de Amsterdam cómo reintegrarás el dinero. O para solicitar algo más de tiempo.

Thomasz Haaringh te transmite sus consejos y las palabras con las que debes firmar. En la actualidad el comercio del arte no es boyante. Sin embargo, te queda otra esperanza de entrada de dinero inmediato: esperas el regreso de una suma importante prestada para un comercio con las Indias Orientales a un navío que aún no ha vuelto del otro confín de la Tierra. Todo Amsterdam sabe que los navíos que atraviesan la mitad de la Tierra pueden sufrir largos retrasos, que incluso pueden perderse para siempre en una tempestad, ellos y las posesiones que transportan. (Sobre todo si no existen, ni ellos ni el dinero prestado.) El tiempo ganado acechando el horizonte bien valía esa mentira.

La mujer del diente ha vuelto. Las palabras caen de su rostro. Geertje Dircx ha muerto. Titus no se ha sentado a la mesa. Muy bajito, ha dicho que antes de volverse así, Geertje Dircx no era mala, y que lo había querido como quieren las madres, y durante siete años. No se lo reprocha a nadie, ya sabe que el tiempo apaga los recuerdos.

Siempre en estos casos, un curador de la Cámara de la Desolación visita la casa del endeudado y hace un inventario. Entonces, las posesiones descritas en la lista ya no le pertenecen, las conserva, las ve todos los días en sus paredes, pero ya son posesión de la Cámara de los Insolventes. Para acostumbrarse a la idea, dices. Después de la venta (la liquidación, en palabras de Thomasz Haaringh), aun cuando no se les haya pagado todo lo que se les debe, los acreedores ya no pueden reclamar. Comprendo que del mal el menor. No me acostumbro a la idea, para acordarme recorro contigo las estancias de la casa; a la espera de que las palabras se conviertan en una pesadilla, busco las paredes entre los cuadros.

Este amanecer, cuando aún era de noche, el hombre ha llamado tres veces. Rembrandt se ha levantado más deprisa que yo y ha abierto la puerta. En la sombra contra el muro helado, he visto al hombre de negro, el cuervo que siempre busca a la puta. Casi el mismo pico negro. No va solo, el que le sigue lleva el libro y la pluma. Han venido dos días. Han recorrido cada estancia, la han visto sin contemplar la belleza; las paredes, los cuadros, los armarios, los cajones y los cofres. Y cada cartapacio de dibujo. El hombre de negro hace la pregunta, siempre la misma, «¿cómo se llama…?» o «¿cómo llamáis…?», siempre respondes, a veces te diviertes dando detalles, y los dos hombres olvidan pararse a pensar. No han preguntado qué es el casco de un gigante.

La lista que escribe el segundo hombre se convierte en una última obra, la de los años de colección, tus años de amor a esos objetos que ya no volverás a ver, vendidos, separados los unos de los otros. Esa lista los une en lo sucesivo, para una posteridad más allá de la venta, más allá de nuestras vidas.

Durante dos días la pluma ha arañado el papel. Un paisaje por Rembrandt, otro paisaje por el mismo, una futilidad retocada por Rembrandt, un taller de pintor por Brouwer, un pequeño paisaje por Hercules Seghers, tres perritos tomados del natural por Titus van Rijn, una cabeza de yeso, cuatro sillas españolas con cuero de Rusia, un pequeño cañón de metal, sesenta pistolas indias, así como flechas, venablos y arcos, una Anunciación, la cabeza de un sátiro con cuernos, una cabeza por Rafael, un libro con grabados muy raros por el mismo, cinco sombreros antiguos, las pieles de un león y de una leona, la estatua del emperador Agripa, una estatua de Tiberio, un Calígula, un Nerón, un niño por Miguel Ángel, el casco de un gigante.

Transparente en la sombra, veo las manos que señalan con el dedo, las manos que levantan, sopesan, abren y hojean, hacen girar los objetos a la luz del sol, son manos sucias. En tu casa borran la belleza, tus obras, tus colecciones, tu vida. No sé si se debe a la tristeza o al frío, pero tiemblo. A fuerza de responder a sus preguntas, incluso te has acordado de tus tres camisas, de los seis pañuelos de las narices, de los tres manteles

y las doce servilletas, así como de algunos cuellos y manguitos, que siguen en el molino de los tintoreros donde trabaja el
marido de Judith. Como si, arrancadas mis vestiduras, desnuda de pronto, brazos y piernas cruzados, me ovillara sobre los
pliegues de mi pudor, sobre lo que quiero ocultar a las manos
ladronas.

Cornelia lloraba suavemente, casi con calma, y Titus la mecía
en su cama. Sin un ruido, Judith y Geertruid lavaban la cocina, llevaban horas lavándola; lo cierto es que no tenían dónde
ir, las otras estancias de la casa, visitadas y mancilladas por los
hombres de negro, estaban condenadas, lo sabían. Prohibida
en ellas la vida por algunos días, que el recuerdo ardiente se ai-
ree. Sentados solos a la mesa, frente a frente, en un silencio del
interior que las palabras no comparten, hemos cenado hutspot, que había cocido dos días y al que nuestro escaso apetito
aún no había podido dar fin. Tu brazo ha cruzado la mesa y has
posado la mano sobre la mía.
   —Te mereces algo mejor que esta vida, perdóname.
   Sin encontrar palabras en mi boca abierta, para decir «no»
he meneado la cabeza, y las gotas han brotado de ambos lados
de los ojos. Mañana se parecerá a la pesadilla de hoy, tu trabajo y la belleza tachados por una pluma. Mañana, en las últimas
estancias todavía no profanadas, mañana, en la sala de delante, en la antecámara de la galería de arte y en el amplio taller de
los discípulos, seguirán anotando, tesoro tras tesoro, las palabras que Rembrandt dictará.
   Me he tragado las lágrimas y he dicho:
   —Salgamos.
   Soy yo quien lo ha dicho.
   —Vamos a la taberna.
   —Tienes razón. Siempre me niego. Sí, llévame.
   Por primera vez, he dicho que sí, que iría contigo a la ta-
berna. Me he lavado la rojez en torno a los ojos con agua fría.

Nuestros pasos resuenan en los ladrillos de las calles. Por la noche las voces no cuchichean, más graves que durante el día, susurran las palabras. Esta noche susurran lo que hasta ahora jamás habías dicho, ni siquiera a ti mismo.

—Tan cálida y tan cerca de mí desde hace siete años, también tú te has apegado a la casa y a sus tesoros. Siete años... Jamás pensé que pudiera separarme de ellos, ni siquiera esta noche consigo creerlo.

Echo el cuello hacia atrás para contar las estrellas. El Señor despoja y enriquece, rebaja y eleva. Vela por los pasos de los hombres piadosos, pero en las tinieblas perecerán los malvados. Unas gaviotas gritan y se responden, la calle se hace más estrecha, los faroles de las casas más espaciados, nos acercamos al puerto.

—Soy insolvente, amor mío, me han limpiado. Sí, mañana seré el más limpio de los hombres.

Ríes en la medida en que te es posible, pero ya ni siquiera se parece a una risa. Frente a nosotros, dos ratas cruzan la calle. Dos grandes ratas negras alimentadas con los bichos de los canales. Una mujer con la boca pintada sale lentamente de las sombras. La luz de un farol aplasta sus gruesas mejillas y le aplana los senos desnudos, completamente deshinchados y arrugados, dos peras que le cuelgan flácidas.

—Al transmitir a esos dos hombres palabras que apenas dicen nada, que sobre todo no dan cuenta de la belleza, he comprendido que si esas obras de arte, esos objetos, preciosos por amados, me pertenecen, también yo les pertenezco, como dice el amigo Van Ludick. Una vez despojado de ellos me sentiré liberado.

A la luz de los faroles mis ojos se redondean de sorpresa, lo sé. No doy con las frases justas. Una vez despojado de ellos se sentirá liberado. Más allá, a lo largo del canal, tres hombres se pelean, con ruidos lentos, insultos y caídas. Al extremo de un brazo brilla el metal. Muy pegada a Rembrandt, me estremezco. Pero ya llegamos, bajo el farol de la

taberna, la música y las risas atraviesan las vidrieras verdes
y azules.

Rembrandt golpea con el puño la pesada puerta. En una
primera ojeada no he visto nada, por efecto del ruido o del humo. Una vez despojado de ellos se sentirá liberado. La taberna
es una gran chimenea donde arde el fuego del diablo. En sus llamas asan a hombres y mujeres cuyos dientes lloran y cantan
con la música que ejecuta allá lejos el hombre pelirrojo, al fondo, allá lejos, de pie sobre la mesa contra la pared; pellizcándo-
se los labios e hinchando las mejillas transparentes, el hombre
pelirrojo sopla en los tubos negros que salen del gran saco de
tela (rojo y verde, a cuadros que se cruzan). Con la cabeza le-
vantada hacia él, los de su mesa lo acompañan con palmadas.

En la nube de humo, camino o floto (ya no lo sé) detrás de
Rembrandt. Rostros colorados, labios rojos. Despojado. Las
botas de los soldados golpean el suelo cerca de la mujer sin cofia que hace bailar los senos fuera del vestido. Una marinero
de cara tostada, cuyos ojos siguen clavados en el horizonte, ca-
mina de lado como los cangrejos en el puerto. Su cabeza golpea, sin verlas, las redes de pesca que cuelgan del techo y en
las que se secan los jamones, los quesos redondos de piel roja
y los quesos verdes a causa de las cagarrutas de cordero. Colgados de las vigas, se secan y van adquieriendo su buen sabor
y su buen olor con el humo de las pipas, el del tabaco holandés y el de las hierbas de las Indias que ocultan en él y que hacen olvidar o recordar de otra manera, según dices.

Lavado, despojado, liberado. Sí, mañana el más limpio de
los hombres. Y la desgracia ¿por qué no la aceptamos asimismo como un don de Dios? No, Job sufrió demasiado, lo perdió todo y fue testigo de la muerte de todos sus hijos, y siempre sin quejarse.

Tu mano en la mía. Golpeo el vaso vacío contra la mesa.
Como una risa, tus palabras se posan en el humo y se pasean.
A la muchacha que de mesa en mesa ofrece la botella le pides
otros dos vasos de ginebra.

—Lo esencial es quedarse en la casa, que pertenece a Titus, mi hijo adorado, quien te quiere como a una hermana y como a una madre, y considera hermana a Cornelia. Las paredes de mi casa me conocen y me hablan. Hablan de los rayos de sol que, estación tras estación, adivino de antemano. Hablan de Saskia y de ti, de los niños a gatas que se dan golpes en ella, de las criaturas desaparecidas demasiado pronto y de los amigos que, una vez que han entrado en tu vida, jamás saldrán de ella.

Un camarero con una diminuta y brillante nariz y ojos redondos sopla con sus gruesos carrillos en la fuente de arenisca donde las brasas enrojecen y se avivan. Ante cada fumador pregunta: «¿Otra pipa?». A modo de collar, lleva colgadas de un cordel alrededor del cuello cuatro bolsitas de tela. Se inclina hacia el fumador para oír su petición, elige el tabaco en las bolsitas, elabora la mezcla en la palma de la mano y la hunde en la cazoleta de la larga pipa blanca. Acerca las brasas y sopla encima hasta que la pipa del fumador desprende la primera columna de humo.

Ephraïm Bueno, que se fuma siempre una pipa en la habitación de un apestado, no cree que el tabaco cure la gota, los cálculos ni el insomnio; en cambio, sí cree que calma el dolor de muelas y elimina los gusanos. Siempre hago una mueca, y él nunca deja de reír. Sentada frente a Rembrandt al extremo de una larga mesa de madera, miro uno tras otro a los hombres y las mujeres que la comparten con nosotros y que se tragan el humo de la pipa. Sé que en ese mismo momento ahoga a los gusanos de su interior.

Te inclinas hacia delante.

—Las paredes de la casa cuentan los años vividos entre ellas, mis noches sin sueño, cuando, con mis idas y venidas, estampaba en ellas la sombra de mi paso. Durante mucho tiempo todavía me hablarán de los cuadros que había elegido casi para ellas, como las joyas para la mujer amada.

De nuevo suena la música del hombre de los tubos. Hay

tantas mujeres como hombres para beber y para fumar, para dar palmadas y cantar, para perder su talante serio y conseguir el olvido. Entre las brumas del alcohol, mi vecina de mesa se ríe sola, su risa forma burbujas que le revientan sobre los dientes. Dos mujeres de pecho plano persiguen entre las mesas a un lechoncito rosa y gris, lanzan prolongados gritos que taladran los oídos, más largos que los del animal. Están tan chupadas que se oye cómo sus huesos se golpean. Es lo que dice con un eructo Rembrandt a su vecino, un hombre grueso que ríe con la panza.

En una nube más lejana, sólo distingo los dientes y el blanco de los ojos de dos hombres de piel negra. Sé que viven al otro lado del horizonte, pero hasta esta noche jamás había visto ninguno en la ciudad. Cuando separan los abultados labios, sus blancos dientes brillan, y entonces te das cuenta de que son demasiado numerosos en su boca. El hombre de la música se ha sentado entre ellos. Llama a la criada del gran pichel. La espuma cae desde arriba, una fuente de burbujas blancas en los bocks de los dos hombres negros. Dan las gracias con la cabeza, la espuma confiere mayor grosor al perfil de sus labios antes de estallar sobre sus dientes, que parecen todavía más blancos.

—Os doy la bienvenida —dice el hombre de los tubos—, bienvenidos a nuestra hermosa ciudad de Amsterdam, donde un negro vendido en las Indias Occidentales puede convertirse en un hombre libre. Si salta del barco que lo ha traído de África, si sabe nadar, y el suficiente rato para llegar a puerto. Un esclavo que posa un pie en el suelo de Amsterdam es un hombre libre. Nunca más esos dos africanos serán esclavos. ¡Holanda es un país de libertad!

Los bocks se entrechocan, con un aliento de alcohol las bocas repiten:

—Holanda es un país de libertad.

Rembrandt mira de nuevo más allá de la pared de la taberna, más allá de la venta.

—Se necesita un techo y el fuego de las chimeneas para

que los niños crezcan, y para que los ancianos no envejezcan tan deprisa. La casa puedo salvarla, debo hacerlo. Las obras y los objetos reportarán más dinero que la cantidad adeudada…

—¿Estás seguro?

No sé por qué hago la pregunta. Está tan seguro… Sin embargo, al oírlo, en mi boca seca la lengua ha dado un chasquido a causa del miedo. Rembrandt ríe. Las palabras tranquilizan, y de nuevo deja vagar su pensamiento.

—Hoy mis posesiones valen al menos el doble que mis deudas. Todas esas obras, todos esos objetos preciosos que me han colmado de dicha durante tantos años, son tesoros. Pero no hay que aferrarse demasiado a las cosas, de lo contrario son ellas las que te poseen, como dice Van Ludick. Sentir apego por el placer que proporcionan sí, pero no por ellas. Ya lo han dado todo, el placer está en mí y siempre lo seguirá estando.

Comprendo que la tristeza ya no es la misma, y me digo que me tragaría a gusto una pipa de humo. En ese preciso momento, la mujer que ríe con burbujas sobre los dientes, y en mis oídos, se ha detenido de pronto, la vida ha cesado en ella; se ha quedado con la boca abierta y no ha vuelto a moverse. Me digo que beber como han bebido todos esta noche es una traición contra Dios y que mañana te hablaré de ello. Después de que Noé bebiera el vino de su viña, sus hijos lo descubrieron desnudo en su tienda. El más joven se rió y fue maldecido por su padre, él y su hijo Canaán y su descendencia. La prueba de que Noé, y para lo que le quedaba de vida, había bebido demasiado. Lentamente, sobre la mesa, la mujer vomita su cerveza y su pipa. En mi presencia, los gusanos ahumados de sus entrañas se ahogan en el alcohol tragado y arrojado.

Doy gracias a Dios por habernos guiado. Sin el farol, que habíamos olvidado, y sin caernos en un canal. Le doy las gracias. Le pido perdón y prometo no volver a beber alcohol, que arrebata a las almas la razón como arrebató a Noé sus ropas y el amor de sus hijos.

Christian Huygens, el hijo de Constantin Huygens, ya no observa los planetas en el cielo negro por el telescopio. Ha inventado el reloj con una péndola. El tiempo se balancea.

El sucesor del doctor Tulp en el gremio de los cirujanos es el doctor Jan Deyman. Ha hecho que un cirujano ayudante anuncie su visita en la puerta de la Breestraat. En la elección del pintor, Rembrandt ve una especie de creencia: veinticuatro años después de la lección de anatomía del doctor Tulp, el doctor Deyman espera idéntica fortuna, el mismo poder, pero también la misma inmortalidad que el Regente Tulp. Las lancetas del cirujano hurgarán en la piel, la carne, los huesos y las entrañas de un ahorcado. Se llama Fleming Johan Fonteyn; es un ladrón que entró una noche en la tienda de un pañero y lo amenazó, sin matarlo, con el cuchillo. Será ahorcado el 28 de este mes de enero. ¿Sabrá acaso que antes de ser ofrecido, frío y rígido, a los gusanos de la tierra, cortarán su cuerpo y una pintura contará ese despiece? Durante tres días el pintor mirará, dibujará, aplanará las cavidades y las sombras. Tal vez la inmortalidad consuele a un ladrón de su muerte.

La casa está a nombre de Titus, pero en la escalera he oído a Thomasz Haaringh decir que los acreedores, encolerizados, emprenderán alguna acción (sobre todo el consejero Witsen) y que ya no podrá ser así por mucho tiempo.

La tropa armada conducida por Judas avanza a lo lejos. En el monte de los Olivos, San Pedro, Santiago y San Juan están en lo más profundo de su sueño. Como si dibujase con cobre, el buril raya el barniz negro. El ángel ha aparecido, sus brazos sostienen a Jesús, su boca trata de sustraer a la angustia Su alma mortalmente triste. Y Él, en agonía, reza todavía con más intensidad. No Mi voluntad, sino la Tuya. Entre los olores a tinta del taller, el sudor de Cristo cae al suelo como go-

tas de sangre. Los alumnos hacen girar la prensa. El grueso
cilindro chirría al paso del pequeño grabado en cobre.

Ornia ha comprado a Jan Six el reconocimiento de la deuda de
Rembrandt. ¿Por qué, en razón de qué servicio prestado? Thomasz Haaringh no tiene ni idea, dice que jamás se conocerán
todos los secretos de la ciudad. Ornia pide hoy la liquidación.
Es uno de los hombres más ricos de Amsterdam y los 1.000 florines, además de los intereses, adeudados por Rembrandt no
alterarán su fortuna. ¿Se trata de dar ejemplo, de una cuestión
de moral? ¿O bien ha sido la ciudad, el Regente Tulp? Sí, quizá
Tulp haya pedido a Ornia el favor de liberar a su yerno de su último vínculo con Rembrandt; de comprar a Six ese papel, todo
su reconocimiento. Sin embargo, no tengo pruebas del destie-
rro inmisericorde por parte del Regente Tulp, ni de la cobarde
traición de Jan Six; y sin pruebas, jamás acusaré en voz alta.
    Desde hace tres noches despierto de la misma pesadilla
largo tiempo olvidada. La carroza dorada del Regente Tulp galopa con gran estruendo de cascos por los ladrillos de la callejuela. Pegada al muro negro y pringoso, empujo, desaparezco
en sus tinieblas; pronto prisionera de los ladrillos, me eclip-
saré. Pero las nubes siempre se desvanecen demasiado pronto, siempre la luna redonda hace brillar sobre mi piel, sobre
mis manos y mi rostro su luz blanca. En el canal de agua espejeante, los navíos se hunden lentamente en la ciudad. Sus mástiles, más altos que las casas, trazan sombras lentas que recortan los gabletes. Los cascos de los caballos galopan en lo más
hondo de mis oídos, y luego en el interior de mi cabeza.

Ornia ha recibido su dinero, los 1.000 florines y 200 de intereses, del avalista de Rembrandt, el fiel Lodewijck van Ludick.
Para responder a tu turbación y a tu agradecimiento, te pide el
reembolso en cuadros según tu elección, y en tres años. Un
hombre de moral, un amigo como hay pocos, dices.

De nuevo los sufrimientos de los moribundos resuenan en la noche. De nuevo la peste mata en Amsterdam, veintidós muertos la semana pasada en el puerto y en el Jordaan. Al limpiar los canales de la epidemia, las ratas también mueren. Los guardias de las milicias disparan a los gatos y los perros sin correa que se pelean en las calles. Antes de que los miasmas de la peste ocultos en sus pelajes infesten todas las casas de la ciudad.

Titus tiene dieciséis años, dice que en época de peste todos los vivos hacen testamento. Es cierto que, teniendo tan cerca la fatalidad, la vida resulta más peligrosa, cierto que en época de epidemia los notarios redactan testamentos de la mañana a la noche y en ocasiones ya de noche cerrada. Titus quiere ser previsor y devolver a Rembrandt la casa puesta a su nombre, por si se diera el caso… Señor, protégelo, protégenos a todos. Tras sus plegarias secretas que lo hacen vacilar de un extremo a otro, Rembrandt manifiesta su conformidad; en la familia Uylenburgh hay quien vería sin vergüenza cómo la hermosa casa de la Breestraat caía en su poder, y echarían a Rembrandt y a su puta a la calle si se diera el caso. Titus ya no es ningún niño, lo miro y, al verlo tan crecido, me digo que desde que lo conozco también yo he debido de envejecer. Despojados, lavados, todos hemos envejecido.

Las lágrimas lavan las pesadillas. El vacío se ha adueñado de la casa. También está en mi cabeza, en el recuerdo. Han venido y se lo han llevado todo. Los muebles, los cuadros, las esculturas y los objetos curiosos atravesaban en sus manos el vacío de las estancias. Para vivir nos han dejado las camas, el cucharón y el gran barreño de cobre de la cocina, los cubiertos y los bocks de estaño; y en el taller, dos caballetes, lienzos embadurnados de cola fuerte, pinceles y brochas, los grandes bocks de aceite de tomillo y de esencia de trementina, los pigmentos azules, el trabajo del pintor.

Incluso se han llevado el armario, mi armario, tu regalo.

He dicho: «No podéis, no tenéis derecho, es mío, no estamos casados, no es suyo y no tenéis derecho».

Uno me ha mirado y sus ojos reían. Su boca también reía cuando ha dicho: «Probadlo ante el tasador de subastas». Por la noche, tus pasos resuenan en las estancias vacías. Cruzas las habitaciones a lo largo y a lo ancho, de un lado a otro en el vacío.

Titus posa para su padre. Su mirada es resignada y tierna. La boina roja posada sobre sus rizos pelirrojos, el jubón y la pelliza sin cuello ni puños, una cadena alrededor de su cuello que dice «estoy rodeando el cuello de un príncipe». Resignado y tierno. Se lo digo, lo llamo príncipe. Una sonrisa ilumina sus ojos: «Cierto, puesto que mi padre es un rey».

Después de que Cornelia se haya acostado, cenamos los tres. La casa vacía resuena con nuestros recuerdos, con las huellas y con nuestros cuchicheos. En su testamento, con Abraham Francen como testigo, Titus lo lega todo a su media hermana Cornelia y a mí; todo cuanto no tiene, y la casa. A Rembrandt el usufructo, como un fruto repleto de buen jugo azucarado. Los Uylenburgh están preocupados por Titus. Eso es lo que dicen. Piden que se abonen los 20.000 florines de Titus a la Cámara de los Huérfanos, o que sean pagados antes que los otros créditos. Piden la lista de las posesiones de Rembrandt y de Saskia justo antes de que ésta muriese. Los otros acreedores exigen también las pruebas de la cuantía de su testamento. Pero ellos esperan una cantidad de posesiones más pequeña.

No hubo contrato de matrimonio con Saskia, y ya esa falta oculta malévolas razones. Buscar, verificar, que encuentres los testigos y que los testigos demuestren. ¿De veras 500 florines sus retratos pintados por ti, que cuelgan sobre su chimenea, en la pared de la izquierda, con la esposa respectiva a su lado? Incluso aquellos, fantasmas de 100 florines, que componen el fondo de *La compañía del capitán Frans Banning Cocq*. Acordarte también de las joyas que regalabas a Saskia, de sus bonitos dedos atravesando el círculo de los anillos y de las lágrimas de nácar que se balanceaban bajo sus orejas dentadas. Perderás tiempo, lo sabes con antelación, perderás pinturas en el proceso.

San Francisco de Asís tenía treinta y ocho años cuando murió. Uno a uno, tu buril retira los cabellos de su cráneo y riza en torno a sus labios una barba de anciano. De rodillas, con las manos juntas, adora a Cristo. Lo adora en la Cruz que hay en el follaje frente a él. Y lo que él ve nosotros también lo vemos. Fijado en el metal helado, el tiempo se ha detenido. Después de la visión, en breves instantes, el éxtasis trazará los estigmas en las manos del santo. Lo has envejecido más de treinta años. Los sufrimientos experimentados a lo largo del tiempo ¿ayudan a ver y a rezar mejor?

Cornelis Witsen ha sido elegido para formar parte de los Regentes de la ciudad. El mismo día de su elección, el Regente Cornelis Witsen ha hecho tachar tu casa de la Cámara de los Huérfanos. La casa de Titus, tu casa, amor mío. La Cámara de los Insolventes puede ahora ponerla a la venta. La casa.

Con su derecho de preferencia que obliga a reembolsarle en primer lugar, Cornelis Witsen tiene ahora la certeza de que le devolverás sus 4.000 florines (y los 180 del derecho de preferencia). Lejos de ti oculto mis lágrimas rojas. Te acecho a distancia mientras atraviesas la antecámara vacía del gabinete de curiosidades. Vacía. De un lado a otro atraviesas el vacío. Me despierto en lo más oscuro de la noche, escucho tu respiración, tu sueño pesado.

No volveré a beber como Noé el alcohol de la viña, nunca jamás iré de nuevo a una taberna. Sin embargo, atravesaré esos pocos meses en una bruma donde se mezclan el miedo y los recuerdos. Tus posesiones no serán dispersadas en una sola venta. No resulta fácil separarlas de ti. Habrá tres, los cuadros y los objetos artísticos, los dibujos y los grabados, la casa y su mobiliario. Todo lo que tomaron, transportaron, se llevaron. Incluso tu taller, la casa, tu querida casa. Sigue al extremo de la Breestraat, antes del puente del Verwersgracht, desde luego, no la han desplazado, sujeta por el gablete. Y podemos quedarnos en ella hasta la venta, y entretanto el comprador (si no la paga de una sola vez) no haya abonado el precio completo.

Durante tres días y tres noches no has vuelto a casa. Tres noches te he esperado sobre el frío de las baldosas desnudas rogando al Señor que volvieras lo antes posible, antes de que yo muriese, que no hubieras tenido malos encuentros en la taberna y que no hubieses caído, repleto de ginebra, a un canal. Y las tres tardes, con Cornelia, he simulado vivir, pan para los cisnes, cuidado con el pico, que pellizca. La tercera noche, en la casa vacía y fría, que resuena incluso con los cuchicheos de Judith, de rodillas ante mí, que había acudido al oírte, has ocultado tu fatiga y tu dolor, «perdón, perdón», repetías. Hundes la cara entre mis senos, entre mis piernas. Perdón. Acaricio los rizos de tu cabello. La bola de mi garganta sube y baja, y con ella las palabras inútiles.

No me he caído, no, he resbalado, también yo de rodillas. En tus labios me he tragado tus «perdón». Con los ojos cerrados, nuestros cabellos y nuestras lenguas entrelazados. Tan dulce el sosiego… En mi pecho, tu cabeza se desplaza por el surco, más abajo descansa en mi vientre. Tu aliento tibio atraviesa la oscuridad. Caigo, no, me siento, me tiendo, con las piernas separadas y levantadas, bajo mi falda tus labios entre mis muslos. Despojado. Con cada empuje de los riñones un estertor penetra en mis oídos. Como San Pablo, sé vivir en la abundancia, sé vivir en la escasez. Noé ebrio, en el Diluvio nos ahogamos juntos. En lo más profundo de nosotros mismos, labios y salivas confundidos, pegados por la sal de nuestros cuerpos.

Hendrick Uylenburgh ha sido recibido en el Ayuntamiento por el Regente Tulp. Abraham está muy seguro; la deuda de 1.400 florines que debe a la ciudad de Amsterdam ha sido rebajada. Ya sólo debe 1.000, el resto ha de devolverlo en forma de servicios. Pregunto cuáles. «Servicios artísticos —responde Abraham riendo—, servicios artísticos que Uylenburgh deberá prestar a la ciudad.»

Subo al taller, contemplo el vacío y los lienzos acabados, que todavía huelen a ajo y en los que brilla la pintura fresca. Poso las manos en tus hombros, te masajeo el cuello y la espalda. Tú inclinas la cabeza a un lado, gentilmente tu mejilla acaricia mi mano.

Tendido en el caballete, el muerto tiene las manos más anchas que los pies. Mucho más anchas. Son manos de ladrón, manos de asesino. Más grandes que los pies, se encuentran no obstante lejos hacia atrás, a uno y otro lado. Entre las manos de asesino, en lugar del vientre, un gran agujero negro. Sólo se ve la parte superior, la inferior queda oculta por un paño.

La casa ha sido comprada por Lieven Sijmonsz, el zapatero, y su socio Samuel Geringhs, por 11.218 florines, 2.000 florines más barata no de lo que la pagaste, pero sí de lo que firmaste hace veintiún años. No he hablado de la cigüeña, que emprendió el vuelo hace tiempo y jamás volvió; sé que tu casa valía el doble de ese precio, pero ¿quién está dispuesto a creer todavía que una cigüeña en el tejado de alguien que se ha arruinado constituye una señal venturosa? Sijmonsz sólo ha pagado una primera parte. Ese 22 de febrero, Cornelis Witsen acompañó a Rembrandt a la caja de la Cámara de los Insolventes. Tenía prisa, prisa de zanjar el asunto y olvidar su error (decía por el camino). El cajero entregó a Rembrandt 4.180 florines, que éste depositó de inmediato en la mano tendida de Witsen.

¡Al Señor la Tierra y sus riquezas, el mundo y sus habitantes! Fue Él quien situó la tierra sobre los mares y la mantiene estable contra el embate de las olas. Fue en lo más oscuro de la noche del 30 de enero cuando la gran inundación del Alblasserwaard hizo reventar los diques de la Holanda meridional. En todos los templos, en todas las poblaciones, pero sobre todo en Rotterdam y en Dordrecht, los hombres y las mujeres cantan los salmos, Dios, sálvame, el agua me llega a la garganta. Me hundo en un cenagal sin fondo y no hay nada donde sujetarme. De nuevo flotan en las memorias los campanarios de las iglesias engullidas por la gran inundación de la noche de Santa Isabel, en el año 1472. Que Dios tenga piedad, que mantenga firme el islote de Rotterdam. No existe agua tan poderosa para apagar el fuego de la cólera de Dios como el agua de las lágrimas de arrepentimiento, vino de Dios y júbilo del hombre, semejante a las gotas de la viña.

Allá lejos, el martillo de Thomasz Haaringh, el tasador de subastas, golpea la mesa. «Adjudicado», dice de nuevo, y la palabra silba hasta el fondo de la hostería de la Kaiserkroon, donde tiene lugar la venta. El sol atraviesa oblicuo las vidrieras claras del albergue, traza rayos de polvo, deposita aureolas en las gorgueras y los encajes blancos de los ricos compradores. He dejado a Cornelia con Judith y, del brazo de Titus, que ya es más alto que yo, he atravesado la ciudad hasta la Kalverstraat. Te busco, sé que estás aquí, en la hostería, oculto entre las sombras.

El sol se desliza tras la tormenta azul del paisaje de Hercules Seghers. El cuadro estaba en la pared de la derecha del vestíbulo. Ahora está en la Kaiserkroon, arrancado de la pared, separado de la colección, que explotó como un polvorín. En los rostros alineados frente a él, Thomasz Haaringh escudriña las pujas y repite las irrisorias cifras. Detrás de la tormenta, el sol está a punto de pasar al otro lado de la Tierra. Justo antes de la lluvia y la caída de la noche, el cielo retiene todavía entre las nubes su calor y su trueno azul.

Aprieto la mano de Titus y avanzamos por el pasillo central. Las cabezas se agitan, acechan las idas y venidas tanto como las obras.

Treinta y cuatro florines, golpea el martillo. Ya no hay nadie para defender el bienestar de la profesión. Si hubiera vivido ese día, Hercules Seghers se habría atiborrado de ginebra, con toda seguridad se habría arrojado desde lo alto de su escalera.

Cien mil muertos, cien mil bocas cuyo último grito fue sofocado. Entre las agujas de las iglesias, los nidos de las zancudas se balancean sobre la bonanza.

Desde que me ha visto, Thomasz Haaringh me pide perdón con la mirada. Mi sonrisa triste repite que no es culpa suya. Fue una noche de hutspot, una semana antes de que tus posesiones fueran arrancadas de las paredes de la Breestraat. Thomasz Haaringh dijo: «Habrá para todo el mundo. Con los servicios artísticos que hay que prestar a la ciudad, todos podrían ponerse de acuerdo para hacer que no suban las pujas». Al principio no lo entendí, sólo cuando Rembrandt se echó a reír.

El paño amarillo pálido, demasiado grande para el sexo, oculta también los muslos y gran parte de las piernas. La planta de sus pies, muy juntos, dice a las claras que Fleming Johan Fonteyn está muerto. Se sabe que un hombre está muerto cuando no da un salto al clavarle una aguja en la planta de los pies.

A su derecha, a la izquierda del cuadro, con el cuello entreabierto sobre la garganta, que respira con dificultad, el maestro del gremio, Gysbrecht Matthisjz Calcoen, sujeta en la mano izquierda una copela. Con la copela en la mano, aguarda. Quizá que una pinza deposite en ella un trozo rosado del cuerpo del ahorcado. Con el dorso de la mano derecha elegantemente apoyado en la cadera, Calcoen espera paciente, mucho más elegante, cree él, que el muerto expuesto, abandonado.

Si vuelvo apenas la cabeza hacia la derecha, veo a Hendrick Uylenburgh, Jan Six y el Regente Tulp. Detrás de mí, las voces amigas de Ephraïm, de Abraham y de Daniel Francen luchan contra el silencio, contra la conspiración; en la medida en que les es posible, hacen subir las pujas, no permiten, sin sentirse encolerizados, que roben por tan poco las colecciones de Rembrandt. Una fila más allá, una máscara de sensatez arrugada se vuelve y reconozco a Constantin Huygens.

El Regente Tulp lanza su puja antes de mirar a su alrededor, una mirada que dice: «El primero que se atreva después de mí…». Jan Six y su gruesa mujer de mejillas coloradas levantan el dedo y asienten asimismo con la cabeza; y Hendrick Uylenburgh, con mayor frecuencia de lo que le permiten sus deudas. ¿Comprará tantas cosas para otros? ¿Le sorprenden los precios tan bajos o estaba al corriente? Mi respiración se acelera: ¿formará parte de los que se han puesto de acuerdo y estará prestando un servicio a la ciudad, un servicio artístico, como decía Thomasz Haaringh?

Del fango salado, al mismo tiempo que espadines, durante mucho tiempo los pescadores sacarán dientes, huesos y cráneos.

La fatiga, o acaso la tristeza, ha apagado la mirada del tasador de subastas. En los rostros levantados hacia él, busca al comprador que sobrepujará. En el silencio sus ojos siguen buscando. En el silencio y los murmullos. Las voces se escurren entre las filas. Oigo, pero ¿he oído bien?: «Un asesinato». Cincuenta y cuatro florines la Resurrección de Cristo por Rembrandt. La mirada apagada de Thomasz Haaringh. Su mano derecha deja caer el martillo.

Lo has visto, estabas allí. El muerto ladrón con manos de asesino dormía. Jan Deyman ha levantado la hoja a la luz y la ha probado con el pulgar. Luego ha seccionado la parte superior de la frente y ha rebanado en línea recta la piel afeitada del cráneo. Ha cortado la piel, que cruje, hasta el principio de la nuca. Tirando de los dos lados, la ha despegado, junto con un poco de carne (fina como la masa de couck*), del hueso redondo y rosado. En aquellos puntos en que la piel y la carne se adhieren demasiado al hueso, practica pequeños cortes con la hoja. A continuación separa bien las dos mitades, las suelta y, lentamente, caen hacia los lados del rostro dormido. Cual si se tratase de una melena, la piel del cráneo puesta del revés cubre las orejas. Acto seguido, la mano del hombre vivo se ha cerrado sobre el mango de la sierra.

Los murmullos son cada vez más ruidosos. Los hombres y las mujeres se miran, las cabezas se vuelven una y otra vez. Los ojos me ven y se hurtan. No me gustan. Están allí para robar tu colección, amor mío, a precios que no merecen tal nombre. No bajo los párpados ni vuelvo a ladear la cabeza, me adentro en su mirada y respondo. Sí, soy yo, sí, ladrones, muy cerca de vosotros la puta de Rembrandt.

El mar no hace olas. En seco en lo alto de la montaña, Noé ve cómo el agua desciende. El agua que ha ahogado los pecados, sepultado las riquezas y lavado el alcohol. Y muy abajo, allí donde un dique del Alblaseerward ha resistido la fuerza de las olas, el mar ha arrojado a tierra una cuna. Un bebé llora, sacude la cuna, que no lo mece. Lavados de sus pecados, los holandeses son niños.

En el estrado, dos jóvenes funcionarios vestidos de paño gris acarrean el armario. Es mi regalo, el armario de madera oscura esculpida con una cenefa de tulipanes que ahora está describiendo Thomasz Haaringh. Cuando el funcionario abre las puertas para contar los estantes, la ropa blanca y

---

* Un couck es una crêpe más gruesa que una crêpe francesa y menos que un blini ruso.

dos cadenitas de plata que contiene, la de la izquierda chirría. Siempre ha chirriado. La puta de Rembrandt posee un armario que chirría.

El vaivén de la sierra se ha detenido, y con él la música de la hoja que la luz quema. Jan Deyman ha levantado la tapa de la cabeza y, no sabiendo dónde dejarla, se la ha tendido a aquel que tenía más cerca. Frente al cuadro no lo he entendido enseguida. La copela que sujeta la mano derecha del joven es la tapa de la cabeza del ahorcado que duerme.

Gracias al odio me he armado de valor. Me han expulsado de la mesa del Señor. Quieren robarme mi armario. Me pongo de pie, más alta que el mar de cabellos y de cráneos rosados que tengo delante, y oigo mi voz. El armario es mío. No es una posesión de Rembrandt van Rijn.

Bajo la tapa, el interior de la cabeza del muerto con piel a modo de melena es blando y rosa, los sesos cortados en dos mitades como el bien y el mal.

Todos se han dado la vuelta. Los labios se levantan, no para sonreír, no, sino para airear los huesecillos de la boca, los únicos huesos que el cuerpo no esconde y que la maldad amarillea. Los murmullos reconocen a la puta. Sí, la puta se ha levantado. Con sus dedos de perdida se toca el cabello, se toca la tapa de la cabeza y repite que jamás venderán su armario, que eso sería robarle. Dolor en la cabeza bajo la tapa. A mi alrededor, detrás de los dientes malvados, el aliento del interior atraviesa las hediondeces del infierno. Es el armario de la puta. Más alto que dentro de mi cabeza, oigo mi voz: «Sí, es el armario. Mi armario».

Entre dos olas los gritos tragan dientes. Huesecillos amarillos.

Titus me ha apretado la mano derecha. Su sonrisa grave no se separa de mí. Estiro más el cuello, miro recto al frente. En el estrado, el abogado Torquinius, el administrador de los bienes de Rembrandt elegido por la Suprema Corte de La Haya, cuchichea con la cabeza inclinada hacia la de Thomasz Haaringh. Debajo de mí, las piernas me tiemblan, demasiado para doblarse y sentarme. A mi alrededor las gorgueras blancas flotan. Allá lejos, en el estrado, a las palabras del tasador de subastas y a las del administrador corresponde la decisión sobre el armario de la puta, sobre las pocas camisas de lino y de lana y sobre las dos joyas de plata que contiene.

Unos sesos de asesino ¿se parecen a los de un administrador o un cirujano? Seguro que el cirujano Jan Deyman no hurga en el interior de su propia cabeza. ¿Se disponen sus dedos a levantar toda esa carne rosada y hormigueante, a crear un gran vacío por encima de los ojos, que ya no ven, como ya han hecho en el agujero negro del vientre? Sobre la tierra ensangrentada, Judas cayó hacia delante, se abrió por la mitad, con las entrañas completamente desperdigadas.

El que sujeta a modo de copela la tapa de la cabeza no mira las manos del cirujano, ni tampoco la cabeza abierta del muerto. No, sus ojos tristes se pierden en la hediondez del vientre vacío. Sujeta la tapa como un platito, espera a que el cirujano deposite en ella los sesos boca abajo.

Los dos empleados acarrean el armario que me devuelve el administrador. Lo llevan detrás de la puerta del fondo, lejos de la sala. Me siento.

La luz caldea los rostros y las manos del cirujano y de los ayudantes. La sombra que envuelve a cada uno y sus ropas negras hacen que incida sobre el cadáver una luz todavía más clara. Como en el caso del grabado de Cristo depositado en la tumba, es del muerto de donde brota la luz que lo ilumina. La expresión del ladrón ahorcado resulta triste. Es la tristeza de estar muerto. Si abriera los ojos, vería el gran agujero negro de su vientre. También su color, la transparencia de la muerte, no tan luminosa como el paño que, al igual que el santo sudario, lo cubre en exceso. Como si sus piernas desnudas estuvieran más desnudas y fueran más repugnantes que sus entrañas vacías.

Durante treinta años, el espejo con marco de ébano, el espejo colgado en la pared del taller de Rembrandt, ha dicho a los ojos que se miraban en él que estaban envejeciendo. Y las estrellas rosadas en su contorno, y las ambiciones, y las carnes que caen. El espejo de los autorretratos de Rembrandt van Rijn. La mirada de Thomasz Haaringh busca entre la multitud y pierde la esperanza. Catorce florines el espejo en cuyo fondo residen todos los ojos de Rembrandt, 14 florines que despiertan algunos murmullos.

Las manos del asesino no volverán a sujetar el cuchillo, ya no estrangularán los tiernos cuellos. Los dedos rígidos y fríos ya no harán desaparecer la música en el aire. Bajo la luz blanca que atraviesa su carne en ambos sentidos, desde el interior hacia el exterior y de fuera a dentro, el muerto se ha convertido en piedra. Duro como una tumba. Su muerte está ahí, abierta, la muerte es piedra, abandonada como él, simplemente el después. Abierto y completamente hueco, en el olor no conocerá la resurrección.

Sorprendida, la voz de Titus empieza una palabra, se lanza por encima de las cabezas que se vuelven.

—Treinta florines.

Titus ha cambiado, y esa voz, que ya no es la de un niño, tampoco la de un hombre todavía, esa voz que no se reconoce, añade, más bajito, sólo para mí: «por el bienestar de su profesión».

Eres apuesto, Titus, hijo adorado por su padre, amor de su vida, querido ángel (y siempre posas, siempre eres el ángel). Tu mirada es recta, se detiene, triste, en las cosas, en la gente, en los ojos; ya sabe que en la vida se experimentan pesadumbres. Ese viejo espejo picado de herrumbre y de recuerdos, ese espejo enmarcado en ébano en el que ningún comprador ha visto los rostros de Rembrandt, lo compras; con las treinta monedas guardadas por tu padre en una bolsa y a ti confiadas para recomprar lo más precioso. Mi Titus, mi hijo, mi hermano. Te inclinas hacia mí:

—Quiero ese espejo de inmediato. Lo pago y lo llevo de nuevo a casa.

Un ladrón se ha transformado en piedra.

Golpes de martillo. En la mesa, allá lejos, y bajo la tapa de mi cabeza. Por el pasillo central, entre dos filas, Titus avanza hacia el estrado. Las caras se vuelven y se apartan. Titus van Rijn, su hijo, sí, es el hijo de Rembrandt.

Una escultura es presentada a los compradores, propuesta a los ladrones. Dos niños dormidos, excavados, tallados en la piedra blanca. Las manos rígidas y frías ¿están muertas o dormidas? Si es la muerte esa sonrisa, la de los niños de piedra es apacible. Las voces de los ladrones, algo tímidas, no se prodigan; la de Thomasz Haaringh resulta más dolorosa.

Treinta años después de la inundación de Santa Isabel, los pescadores seguían vendiendo a los dentistas dientes que habían pescado.

Titus, mi hijo, mi hermano, Titus, de piel y ojos transparentes, lleva frente a sí el espejo en el que han respirado los autorretratos de su padre. Avanza por el pasillo central, viene hacia mí, con ambas manos mantiene recto el espejo contra su torso. Se dirige a la puerta situada al fondo de la sala. El martillo de Thomasz Haaringh rubrica la venta de los niños dormidos. Titus detiene sus pasos, con los oídos y el cuerpo traspasados por un momento. Titus, el hijo de su padre, las caras se vuelven hacia él y retienen su aliento amarillo. Demasiado sucios, un trazo negro por encima de su gorguera excesivamente blanca.

Sobre todo los gritos de los niños.

Se trata del olor. Siempre. La carne de los rostros jamás se detiene en el aliento, lentamente se nubla. Titus avanza, más alto a cada paso. Es la multitud y siempre el olor. Los labios se
abultan, las estrellas bajo la piel revientan, los gusanos azules
de las manos se hinchan y se anudan. Y en medio del cuello
ahorcado del muerto, la huella negra de la vida.

Titus avanza. Mira lentamente a izquierda y derecha.
Se vuelve hacia los murmullos. El espejo se pasea por la sala. Paso tras paso. De fila en fila. Conserva por un instante
la imagen invertida de las caras antes de engullirlas en su
légamo. La luz blanca aplasta las gorgueras blancas. Reve-
ladas, las sonrisas sin dientes se ahogan en el espesor del
espejo.

No hubo conflicto. No hubo ruido. Yo miraba fijamente el
cuadrado de cristal, y no veía en él salvo los rostros pintados
de Rembrandt, hoy dispersados. En los primeros retratos no
te gustabas, ocultabas en las sombras y entre los rizos de tus
hermosos cabellos el dibujo de tu cara juvenil y siempre en
movimiento. Pintor de los notables de Amsterdam, situaste
muy alto el rostro y la gloria, en torno al cuello una pieza de
armadura o una cadena de oro. Luego, las primeras traiciones
de la vida, pequeñas muertes, grandes desgarros y sombras en
los ojos, arrugas y grietas de grasa. Y siempre la mirada clavada directamente en el espejo hasta el otro lado, en el mundo
donde los recuerdos acusan.

Hasta ese retrato aún inacabado (y que trabajas en un diminuto espejo sin marco) en que, arruinado y despojado, estás sentado muy erguido en un trono que uno adivina por los
grandes brazos, con una vestidura de tela dorada, vestidura
de rey, el cuello recamado de pedrería, y con mano negligen-
te sujetas un bastón con empuñadura de plata. Tus labios no
sonríen, pero no estás triste. Grave y apacible, ese hombre,
ese rey, encarna la sabiduría. Tus ojos, cansados de cuanto has
visto y oído, siguen brillando. Juzgas de frente a aquel que mira y codicia el cuadro, y a través de él a los demás (todos cuan-

tos se hallan presentes en ese robo disfrazado de subasta), pero también a aquellos que todavía no han nacido y que, notables como sus progenitores, de generación en generación y
de siglo en siglo se les parecerán. Sin belleza ni bondad, con
el alma helada.

No hubo conflicto. Ni ruido. Titus avanzaba por el pasillo
central. Los murmullos habían cesado. Repetidos en el espejo, quienes allí se veían reflejados sabían que el joven pelirrojo era el hijo del arruinado. Las mismas palabras se habían aferrado al borde de los labios y esperaban el fin del
silencio. Como si un fragmento de instante antes todos lo
hubiéramos sabido. Como si, al ver todos aquellos cabellos
y aquellos cráneos rosados, todas aquellas nucas con el trazo negro del ahorcado, aquellos rostros posados en su gorguera (tan sólida como un plato blanco de China), todos
los cuales entraban y se ahogaban en el espejo, ya lo supié-
semos.
    Sin conflicto ni ruido, Titus avanza. En el silencio dema-
siado presente, el aire que corta en dos resulta más pesado,
sus pasos más lentos. Ni conflicto ni ruido. Sin motivo y lentamente. Como un mar al amanecer que de pronto se resque-
braja, la superficie del espejo ha cobrado vida. Menos brillante, acaso con un suspiro, apenas un gemido, un desgarro. Los
trazos, al cruzarse, han desmenuzado la superficie. Apuntando hacia nosotros sus ángulos punzantes, cada trocito se
ha desprendido de los demás. Sin el vaivén de la sierra, des-
pegándose suavemente del hueso de la cabeza, la piel agrietada de los rostros, detenida un momento en el aire, ha caído al suelo con un nítido ruidito de metal. Creo en el Espíritu
Santo. Miradas sin luz, sonrisas con todos los dientes, sin
comprender, en la superficie helada. Luego, el asombro ha
cerrado a medias las bocas. Constantin Huygens se ha des-
plomado, la cabeza de Jan Six se ha fundido en el líquido es-
peso, Hendrick Uylenburgh, en el centro de un diminuto

cuadrado, se ha mirado al fondo de los ojos antes de buscarse, enloquecido por haber desaparecido. Y en los mil destellos del espejo que estalla, el Regente Tulp ha tenido el tiempo justo de juntar los labios antes de ver cómo su rostro perdía la composición.

El ahorcado de piedra gritó antes de ahogarse.

El amor de Cristo nos envuelve en estrecho abrazo, ante el mero pensamiento de que uno solo murió por todos y, en consecuencia, que todos están muertos. Aquellos que juzgaron a Rembrandt, su vida y su pintura, aquellos que no le perdonaron su libertad vieron ese día cómo su alma se perdía al otro lado.

Titus se ha quedado quieto. Mira a sus pies una alfombra de hojas de plata, de restos de piel, de sangre coagulada. Mira el agujero del marco, como el muerto, con sus ojos interiores, el gran agujero de su vientre vacío. Titus, con los ojos abrasados, aferrado al marco de ébano, Titus, que ya no sabe poner un pie delante del otro. Me levanto, mis labios forman ya su nombre. Sin embargo, una gran sombra ha surgido y lo envuelve, un rey con vestidura amarillo oro. Rembrandt ha salido del rincón de detrás de la columna que lo ocultaba. Estrecha a Titus contra él con su amor, más fuerte y seguro todavía porque jamás volverá a estar solo.

El padre sostiene y guía a su hijo hacia la puerta del fondo, hacia el sol que hay más allá. El padre y el hijo, perdidos en un mundo al que no se parecen, solos y juntos. Thomasz Haaringh se calla, todos los presentes se callan. Sin saberlo, me pongo de pie. Corro hacia ellos, que se alejan de espaldas. Yo también, no me dejéis, os quiero. A mi espalda, de nuevo se cruzan los murmullos. El martillo de Thomasz Haaringh golpea de nuevo la mesa y retumba en mi cabeza.

La muerte es piedra, la muerte es rosa. A los diez años, a los casi veinte años, frente al tiempo de Dios, todo muerto es nada. Toda nada es muerte. Unos después de otros o todos juntos en la explosión del polvorín de Delft. Piedad por nosotros, amor, polvo y lo que subsistirá. Los huesos, los dientes y tus pinturas.

15 de diciembre de 1660

Ese 15 de diciembre de 1660, Titus van Rijn, asistido por su pa-
dre, por una parte, y Hendrickje Stoffels, asistida por un con-
sejo elegido para la ocasión, por otra, han comparecido y han
declarado que debían seguir con el negocio de pinturas, artes
gráficas, grabados en cobre y en madera, así como tiradas, ob-
jetos curiosos y todos los demás objetos, que ya iniciaron jun-
tos hace más de dos años. Las mentiras siempre me hacen sonreír, sólo después quiero comprender. Thomasz Haaringh lo
ha dicho, el comercio de arte y de objetos no puede ser nuevo
y venidero. Apenas dos años después de la quiebra, con los
precios robados de la subasta y las deudas todavía no saldadas,
todos oirían entonces la mentira. Pero negociar, saber qué gustará a quién, mirar al comprador a los ojos y aventurar los precios, no, no después de dos años, ni siquiera ahora, no sabría
hacerlo.

    … Y desean continuar tanto tiempo como el arriba citado
Rembrandt van Rijn viva, y lo mismo durante seis años des-
pués de su muerte, según las condiciones siguientes. La nieve
ha cubierto la ciudad, hace un frío como para que se pongan
erectos los pezones de las brujas. «La seriedad del negocio es
una prueba de verdad», ha dicho Thomasz Haaringh, imposible no escribir lo de después de Rembrandt. Amor mío, tengo
frío, perdón, querría morir antes que tú.

    El notario Nicolaes Listingh relee el contrato. Entre el bigote y la barbita, sólo se le ven los dientes de abajo. Al extremo de su nariz puntiaguda, una gota transparente se mece. Brilla sobre el fondo negro de su jubón. No aparto la vista de ella, va a caer, se aplastará sobre el contrato, sobre un trazo de tinta que entonces ahogará una palabra.

Sí, querría morir antes que tú, estando viva juro en falso. Miro la risa de mi niña, me digo: «Es tan pequeña que necesita a su madre». Y cuando vas a la ciudad a comprar rocas de colores y esencia de espliego, cuando Titus ha salido, y Cornelia se pasea con él o duerme, cuando me quedo sola en casa lavando, imprimiendo, ordenando o cocinando, cuando ya no me queda nadie salvo yo misma a quien hablar y escuchar, las cifras coinciden. Son siete parejas de animales puros y siete parejas de aves del cielo las que Noé hizo entrar en el arca. El siete y el nueve. No son creencias campesinas, también Ephraïm Bueno, al igual que yo, manifiesta su miedo. Nueve, la perfección de la última cifra, y el siete, preferido de Dios, el fin y la resurrección. Siete eran los leones en la fosa de Daniel, liberado al séptimo día. En el campo y en la ciudad, todo el mundo conoce la gran climatérica de la vida, siete veces nueve, sesenta y tres. Desde que cada año nos acercamos un poco más, cuento los años. Dentro de nueve años tú tendrás sesenta y tres. Quien supera la gran climatérica vivirá mucho tiempo.

En primer lugar, los bienes mobiliarios que los arriba citados Titus van Rijn y Hendrickje Stoffels han adquirido… Sola en nuestra casita, cuento las cifras, me relato las pesadumbres de la muerte. Me habitúo con antelación. En la cama de nuestro dormitorio, la vida, todavía tibia, se ha detenido en ti; ya lloro tu ausencia, en lo sucesivo y para siempre. La voz de las paredes responde con la vida, la niña y mi edad, pero nada consuela el insulso tedio de todos los días sin ti. A veces regresas demasiado pronto; con la cabeza gacha, oculto entonces la rojez de mis ojos, querría morir antes que tú.

Cada vez que la gota se dispone a desprenderse de la ventana izquierda de la nariz del notario, en la que se balancea, con un pequeño silbido seco la aspira de nuevo por el túnel de la nariz.

... En los cuales han invertido juntos y solidariamente, desde el principio de su negocio, muebles, bienes inmobiliarios, pinturas, objetos artísticos y curiosos... Sí, Titus y yo hemos invertido, la mentira hace sonreír, sí, lo he entendido bien: si Rembrandt no posee ya nada, nadie puede arrebatarle lo que no tiene ni volverá a tener.

Todas las noches a lo largo de diez días, Abraham Francen y Thomasz Haaringh han venido al Rozengracht, a nuestra nueva casa. Tres estancias en las que la vida se hace más pequeña, pero todos los días, al igual que en una grande, hay que comer (coucks y nabas), dormir y, sobre todo, que nada perturbe tu trabajo. Y además, todos los días en que no llueve llevo a Cornelia a jugar al otro lado del canal, al parque infantil del Laberinto, y me digo que el barrio del Jordaan es bueno para la risa de los niños. Rembrandt y sus dos amigos alrededor de la pequeña mesa, a la luz temblorosa de las velas, y la pluma de Thomasz Haaringh corriendo.

... Así como el alquiler y cualquier otro gasto que hayan pagado, de ese modo lo harán y continuarán todavía en lo sucesivo similarmente. Mentira, el dinero que compraba la vida de la familia en la Breestraat y que sigue haciéndolo hoy en el Rozengracht procede desde siempre de la venta de una de tus pinturas, o de un objeto de tus colecciones. Las camas armario en las que ahora dormimos, los platos de estaño en los que comemos, el caballo de madera de Cornelia, las palmatorias de hierro y de cobre, incluso el palastro para calentar el cilindro de imprimir, todo es de Rembrandt, todo es nuestro (solidariamente), pues jamás uno de nosotros quitará nada a los otros para quedárselo él solo. Mas un contrato debe ser escrito, incluso con lo que jamás podrá ser. La pluma de Thomasz Haaringh tachaba y reescribía.

Louys Crayers, el tutor de Titus nombrado por la Cámara de los Huérfanos, cree que detrás de las mentiras se ocultan verdades, ve otras mentiras que aquellas que están escritas y que hoy repite el notario. Detrás del amor fiel de Titus por su padre, no vio la adoración y el miedo de Rembrandt por su hijo.

Louys Crayers no ha escrito con Abraham Francen y Thomasz Haaringh, tampoco vino ese día a casa del notario. No ha visto el cuadro sobre el caballete, el ángel contra el que lucha Jacob. Un hombre rueda con él en el polvo hasta el despuntar de la aurora. En los cuadros, el ángel siempre es Titus; entre sus largos rizos dorados, el rostro y los ojos hablan de su dulzura. Dios no tiene nombre, el ángel enviado por Dios no dirá su nombre a Jacob. Sin embargo, el pincel de Rembrandt ha pegado dos alas transparentes sobre sus hombros, que Jacob vería como hacemos nosotros si Dios lo quisiera. La pierna derecha del ángel y su mano izquierda posada en la cintura del hombre dan cuenta de su fuerza, pero la mano derecha le acaricia la nuca, lo sujeta con ternura. Louys Crayers no ha visto las alas de Titus.

Y cuando la luz ilumina la dulzura de un rostro con un hábito y cubierto por la capucha de un monje, bajo el pincel de Rembrandt sigue siendo Titus, el ángel, quien es el santo.

En el invierno del gabinete de paredes oscuras y vidrieras sin luz, estamos sentados, Rembrandt en medio, Titus a su izquierda y yo a su derecha, frente al notario Nicolaes Listingh, al otro lado de su pequeño escritorio de madera clara. A mi derecha Jacob Leeuw, y a la izquierda de Titus, Frederik Hedelbergh, los dos testigos. La gota transparente brilla bajo la nariz del notario. … *La contribución de ambos a su empresa, en particular lo que el arriba citado Titus van Rijn había conservado de sus regalos de bautismo, de sus ahorros, ganancias personales y cualquier otra aportación.* Las mentiras se enroscan en la estancia. Titus, mi hijo, mi hermano, no tienes nada de tu bautismo, nada salvo una medalla de oro de tu mamá, ni ganancias personales, ni ahorros, ni ninguna otra aportación. Todavía no. Louys Crayers espera, quiere probar la verdad del testamento de Saskia.

Hace ya un año, los testigos prestaron declaración sobre sus recuerdos en el mismo despacho del mismo notario. Anna Huirecht y su marido, Jan van Loo (cuyo hermano Gerrit contrajo matrimonio con Hiskia, una hermana de Saskia), firmaron en presencia de testigos que eran amigos muy íntimos de Rembrandt van Rijn y de su esposa, Saskia. Que conocían con certeza las posesiones de Rembrandt antes de la muerte de su mujer, y luego solo. Dos sartas de perlas, la amplia para el cuello y la más pequeña para el brazo. Dos perlas en forma de pera, un anillo con un gran diamante, dos colgantes de diamantes, seis cucharas de plata, un libro de oraciones con incrustaciones en oro, un plato y una damajuana de plata, y otras cosas más que he olvidado.

Jan Pietersz, el pañero, y Nicolas van Cruybergen, el preboste, firmaron haber entregado 100 florines cada uno para ser pintados por Rembrandt van Rijn entre los guardias de la compañía de Frans Banning Cocq. Si el notario cuenta el número de cabezas, y la más cara de Frans Banning Cocq, sabrá cuánto se le pagó a Rembrandt van Rijn en 1642 por ese gran cuadro.* Y Abraham Wilmerdoux, director de la Compañía de las Indias Orientales, recordó también haber pagado ese mismo año 500 florines por su retrato (y 60 por el lienzo y el marco) a Rembrandt van Rijn.

Sales del taller, visitas la ciudad, son semanas de fatiga (como todas las ocasiones en que no pintas). Oigo tus pesados pasos por la escalera; en mis brazos cierras por fin los ojos; hago preguntas, apenas respondes, los detalles siempre son desagradables.

Siempre a petición de Louys Crayers, Lodewijck van Ludick testificó a su vez como íntimo de la Breestraat y familiarizado con las posesiones de Saskia y de Rembrandt. Es cier-

* Se cuentan diecisiete personajes a 100 florines (y mucho más caro, Frans Banning Cocq).

to que Van Ludick está familiarizado, si por esa palabra se entiende que es fiel a la familia. (Avalista de Rembrandt, entregó sin enfadarse el dinero a Ornia.) Se acordó y firmó. Que las artes gráficas, curiosidades, antigüedades, medallas y plantas marinas que el arriba citado Rembrandt van Rijn poseía de 1640 a 1650 valían la suma de 11.000 florines. Y que las pinturas que estaban asimismo en posesión del arriba citado Rembrandt van Rijn en aquella época equivalían holgadamente a la suma de 6.400 florines. Cada una de esas cifras podía ser engrosada antes que reducida. Recuerdo bien las palabras y las cifras escritas, y la acumulación de ambas: 17.400 florines. Él no dijo nada más, ¿de qué habría servido? Los que lean se acordarán de los 3.094 florines obtenidos en la subasta de las colecciones de Rembrandt van Rijn. Un robo, un asesinato. Despojado, amor mío, salvo de tu bondad.

Tras haber firmado, tras haber salido del gabinete del notario, Van Ludick vino a la Breestraat. Entre las paredes desnudas de la gran casa vacía dijo que, como enamorado de la belleza, reconocía los fantasmas de los cuadros en las huellas de las paredes. Entonces, en el cerco de polvo de un espejo desaparecido, me vi, fantasma de otra vida, en el hueco rojo de mis ojos.

Cada una de las partes sacará provecho de la mitad de los beneficios, porque todo fue comprado con los presentes del bautismo, los ahorros y las ganancias personales de Titus van Rijn, hijo del arruinado. El escrito constituirá la prueba de ello; y los cuadros de Rembrandt no dicen lo contrario: su ternura, su vida ligada a la de su hijo.

La pintura traza sombras en la luz. Titus lleva sobre sus rizos el casco de Alejandro, el guerrero. El cuadro es oro y rojo. En el metal brillante del gran escudo redondo, el joven conquistador ve su rostro grave y las batallas venideras. Acaso también las lecciones de Aristóteles, que olvidará para combatir, quizás asimismo su breve destino.

Desde hace ya dos años, el hombre de gusto y de cultura Antonio Ruffo, rodeado de los libros de su biblioteca, admira a Aristóteles ante el busto de Homero. Vacilaba entre el ansia de un retrato de Homero y un retrato de Alejandro que Aristóteles, su preceptor, lleva en un medallón. Tú habías empezado ese retrato de Titus; siempre te gusta pintar su mirada, que indaga. Cuando Isaac Just tradujo la carta de Sicilia, Titus se convirtió de inmediato en Alejandro en el lienzo. Alrededor de su rostro cosiste otros tres trozos de tela, pintaste el casco y el escudo. Es un retrato de amor, será para el hombre de gusto y de cultura.

… Y soportará la mitad de las pérdidas de esa empresa y se comportará con toda buena fe y confianza… Sin cuadros, sin objetos artísticos y curiosos, sin muebles, sólo las camas, el armario y un caballete, nos quedamos más de un año en la Breestraat, los cuatro y Judith, que no quería dejarnos, abandonarnos, murmuraba al vacío. Hasta que el zapatero no hubiera abonado la suma completa a la Cámara de los Insolventes, no podía habitar la casa.

Pero tu trabajo necesita calma y poder afirmarse. Y en la época en que las cigüeñas regresan a los tejados de la ciudad, dejamos la casa vacía, aquel vacío entre dos viviendas. Fue Abraham Francen, que vive en el Jordaan, quien nos encontró la casa del Rozengracht. Ayudados por Judith y su marido el tintorero, trasladamos nuestras últimas posesiones. Solos con nuestro pasado, sin tomarnos de la mano, en la esquina de la Breestraat con el canal nos volvimos. Nuestras cuatro sombras aplastadas se alargaban, se estiraban en la calle como si fueran a desprenderse de nosotros y permanecer aferradas, tras nuestra partida, a la sombra de la casa. De nuevo volvimos la cabeza, varias veces más, al atravesar el puente sobre el Verwersgracht. A solas cada cual con sus recuerdos, incluso Cornelia, no nos mirábamos. Sobre todo, no adivinar las lágrimas de los otros detrás de sus ojos, las lágrimas de los otros hacen llorar. Sólo Judith sorbía por la nariz.

Cada uno velará por los intereses de la empresa y los favorecerá, pero ambos los utilizarán con esa intención. Las palabras dan vueltas entre los dientes del notario, y tú, amor mío, me sonríes; pronto habrán acabado las mentiras, eso es lo que significa. Lentamente, tu tranquilidad colma la estancia, lentamente tu confianza entra en mí.

No obstante, puesto que ambos requieren considerable ayuda y asistencia en su empresa y el comercio relacionado con ella, y dado que nadie resultaría más conveniente para tales propósitos que el arriba citado Rembrandt van Rijn, acordaron con éste que viviría con ellos, y sería alimentado gratuitamente, y estaría exento de todo gasto doméstico así como de alquiler, con la condición de que ayudaría a sus socios a todos los efectos en la medida de lo posible y animaría la empresa. Alimentado gratuitamente, cariño mío, alojado y alimentado y exento de todos los gastos que comporta la vida cotidiana. Todo está escrito. Ya no poseerás nada. Sólo tu arte, tu trabajo, tu libertad frente a los acreedores.

Sí, amor mío, requerimos considerable ayuda Titus y yo, tu ayuda y tu asistencia en arte e incluso en el comercio. Porque nadie resultaría más conveniente; sí, tú animarás la empresa. Ganas de reír o de llorar, ya no lo sé. Sea como fuere, las palabras ya no dan vueltas a nuestro alrededor, ahora señalan con el dedo. ¿Quién lo creerá? *Él ha entendido y aceptado esta cláusula del contrato.* Nicolaes Listingh mueve los dientes. La gota está a punto de caer. Seguro que Rembrandt ha entendido y aceptado, incluso ha redactado la frase junto con Thomasz Haaringh.

Bien, ya está, Rembrandt van Rijn, el gran y célebre pintor de Amsterdam, ya no posee nada. Gracias a la caridad de su hijo y de la puta que duerme en su cama, es alojado y alimentado gratuitamente. A cambio, ofrecerá consejos para el negocio de arte de aquéllos. Las mismas palabras, las mismas frases, todas las noches desde hace semanas, repetidas hasta plasmarlas por escrito.

Todo ello, empero, con la condición de que el arriba citado Rembrandt van Rijn no poseerá parte alguna de la empre-

sa, y no tendrá derecho alguno a reclamar muebles, bienes mobiliarios, objetos artísticos y curiosos, instrumentos y cualquier otro artículo relacionado con éstos que se encontraran
en su casa de manera permanente, y a los que los socios arriba
citados tendrían derecho legalmente frente a cualquiera que in-
tentase una acción legal contra el arriba citado Rembrandt van
Rijn. Que nadie venga nunca más a llamar a la puerta y voci-
ferar su cólera, creyendo que podrá arrebatar a Rembrandt van
Rijn, el arruinado, lo que ya no tiene y nunca más tendrá. Por
mucho que, en un arrebato de rabia, haga temblar a patadas los
goznes de la puerta de la Cámara de Quiebras, de la Desolación o de los Insolventes, o bien de la del notario o de un Regente, ningún acreedor obtendrá jamás ni un céntimo de Rembrandt van Rijn, que ya no posee nada.

Con la cabeza bien erguida los tres, compartimos la confianza. Sobre todo nada de vergüenza, la ley existe precisa-
mente para ser conocida, tal vez también para servir a aquellos que saben: los notarios y los tasadores de subastas, pero
también quienes deben servicios artísticos a la ciudad y los que
basan el comercio de su vida en el dinero, el poder y las leyes,
gente como el Regente Tulp, Jan Six, los Uylenburgh y Constantin Huygens. Todos aquellos que, sin la menor vergüenza,
compraron las colecciones del arruinado seis veces más bara-
to de su precio.

Y habiendo sido admitido recientemente cessio bonorum
el arriba citado Rembrandt van Rijn, razón por la cual ha aban-
donado toda posesión y deben hacerse cargo de él —tal es la
razón de que lo posible haya sucedido; ¿y quién se atreverá a
reprochar a un texto legal que siga la ley?—, *reconoce haber*
recibido de las partes contratantes arriba citadas, a saber, de Ti-
tus van Rijn la suma de 900 florines y de Hendrickje Stoffels
800 florines, debiendo ser utilizadas ambas cantidades para
satisfacer las necesidades y el alimento, y las cuales se compro-
mete a reembolsarles respectivamente tan pronto como haya
ganado lo que fuere con su pintura. Alimentado gratuitamen-

te, podrías tener tentaciones entre las comidas. Dispondrás de lo necesario para comer, vestirte, comprar los lienzos, rocas, polvos y aceites esenciales para trabajar (tus necesidades), no tendrás que dar ninguna explicación sobre los florines que lleves en el bolsillo cuando salgas por la ciudad. Titus van Rijn y Hendrickje Stoffels (que tienen ahorros y ganancias personales) saben que el dinero se gana, el dinero se presta con intereses, jamás se regala, sobre todo el de los dos socios de un arruinado. Ahora que todo está dicho, es preciso hacerlo creíble mediante una frase severa, son las palabras de Thomasz Haaringh. Las sumas de 800 y 900 florines no han sido elegidas al azar. Aunque con menos ceros, se acercan a los 1.000, y hablan del esfuerzo de aquellos que los entregan y de la seriedad de las frases que los envuelven. ¿Por qué no habrían de creerlo?

Frente al espejo, te has encasquetado la boina de terciopelo negro sobre los rizos. Tu nariz enrojece más deprisa con el frío, pero estos dos años de quiebra y de tiempo perdido no han hundido ni hinchado tu rostro (no como el mío). Tú sabes bien cómo nos envejecen nuestros muertos, conoces las auténticas pesadumbres, mas al mirar ese retrato tuyo se constata que los cambios en tu vida no han dejado huellas. Tus colecciones no te poseían.

La gota en la punta de la nariz se desprende. *Como garantía de las dos sumas arriba citadas, el arriba citado Rembrandt van Rijn ha transferido y cedido a los arriba citados Titus van Rijn y Hendrickje Stoffels todas sus pinturas y todos los ingresos que derivasen de ellas, que pintará en la casa de los tres.* Una salvaguarda añadida; siempre serás nuestro deudor, de Titus y mío, siempre y en primer lugar. Los que estaban en la subasta, los ladrones de tus posesiones, serán presa de cólera.

Sé que se debe a tu mirada y a tu bondad, pero si mi último retrato fuera un espejo, sentiría miedo de mí misma. Acaso deseabas una prueba: mirad lo que estáis haciendo, mirad lo que le habéis hecho a mi mujer. Cual si se tratara asimismo de una confesión, con cada pincelada oigo el perdón que me pides. Mi amor, no eres tú; es el último año, es la injusticia, las noches demasiado cortas y demasiado frías en el vacío de la Breestraat, es la leche, los arenques y una cerveza tibia que algunas veces calienta. Es una tristeza en exceso agobiante lo que hunde mi cabeza en un cuello hinchado. La piel se ha vuelto amarillenta, y los ojos, que ya no brillan, contemplan una vacuidad muy cercana, más próxima y más baja que el horizonte. Los dedos hinchados corresponden a una mano que lava con agua helada. Las mejillas son menos redondas; pesadas y aplastadas, han caído formando una doble papada. Los labios están cerrados sobre un silencio sin sonrisa.

Detrás de nuestra puerta cerrada, recuperada de nuevo la paz junto a tu caballete, atraparás el tiempo pintando más cuadros que nunca, y yo me las arreglaré lo mejor que pueda, por tu bien, el de Cornelia y el de Titus. De nuevo, porque la vida es lo mejor que conocemos, reiremos juntos.

Ya he dejado de oír, la lectura resulta larga, inútil y de un aburrimiento insoportable. Rápido, una pluma para firmar. Un contrato es una prisión, al leerlo ¿quién adivinaría la confianza y el afecto que hay detrás? Nicolaes Listingh ha sorbido la gota de su nariz justo antes de que se desprenda y salpique las palabras de notables. *Los tres signatarios prometen conformarse rigurosamente a los términos que se aplican a cada uno de ellos, y actuar irrevocablemente y sin infracción* —todo ha sido dicho y escrito, ya he dejado de escuchar—, *garantizando sus personas y sus posesiones, según dictan el derecho y las normas.* Me he puesto el vestido rojo y blanco, durante horas he posado cerca del pozo con el cubo, de hecho sentada, con el brazo izquierdo doblado y apoyado en una mesa. *Decretado de buena fe en la ciudad arriba citada.* Cuando el hombre me pide de beber, manifiesto mi sorpresa ante el hecho de que un judío pida agua a una samaritana; los judíos no hablan con los traidores de Samaria. Cristo responde que si ella Lo conociera, es ella quien se la habría pedido, y entonces Él le habría dado el agua de vida, una fuente de la que mana vida eterna. Luego, para que la mujer reconozca a Aquel que sabe, Jesús le ha nombrado los cinco hombres de su vida, y a aquel que tiene ahora y que tampoco es su marido.

Decretado en presencia de Jacob Leeuw y de Frederik Hedelbergh, testigos, y de los signatarios, además de mí, el notario, firmando las minutas.

Por fin el silencio. Rembrandt, amor mío, por ti sacaría durante toda mi vida agua del fondo de los pozos, para que jamás sufrieras el mal de la sed. Desde hace años el tiempo transcurre demasiado deprisa, el dinero, los notarios y las listas te roban las pinturas. Tranquilos, nos miramos el uno al otro. En lo sucesivo nuestra puerta estará cerrada, yo te protegeré, a ti y tu obra. Sin embargo, el bien que todavía puedo hacerte no es nada comparado con el agua de vida y la vida eterna que tú me ofreces cada día desde pronto hará doce años. Jesús habló a la samaritana (quien, con sus cinco hombres y sin marido, no es una puta) para que dijese a la gente de la ciudad que el Mesías había llegado.

Nicolaes Listingh posa las manos sobre las tres hojas del contrato. Nos mira despacio, a todos, uno tras otro. Lentamente sus ojos indagan en los nuestros y se detienen en Rembrandt. Sus labios se separan de nuevo, ¿alguien querría cambiar o añadir algo? Las cabezas menean su negativa y Rembrandt pronuncia un no muy tranquilo. Mientras la respuesta de Rembrandt penetra en el oído y en el cerebro rosado del notario, la uña de su dedo corazón rasca la punta de su nariz. Primero sacude y luego aplasta la gota que se desprendía de ella. Sin darse cuenta. La mano húmeda se desplaza, agarra entre tres dedos la pluma, depositada plana sobre la mesa, la hunde en el pozo negro del tintero de estaño, se detiene en mitad de su gesto, sopesa el aire.

—Vos sabéis, Rembrandt van Rijn, que vuestros acreedores os condenarán, pero también la ciudad, pues el hombre que no paga sus deudas siempre es juzgado mal. Algunos compradores no volverán a cruzar el umbral de vuestra puerta.

He oído tu suspiro.

—Ya he pagado, y varias veces, eso lo saben. No tengo elección, es mi tiempo y mi trabajo lo que estoy salvando.

También Abraham Francen y Thomasz Haaringh te lo han dicho, los ladrones enjuiciarán al arruinado que no paga sus deudas, osarán hacerlo. Titus ha hecho las cuentas, al ser robado en seis ocasiones, ya has pagado dos veces. Ya no quieres pensar en otra cosa que en los cuadros que te quedan por pintar. Y de vez en cuando en las pinturas de la Gran Galería del Ayuntamiento. Govaert Flinck había sido elegido, lo escogió Joan Huydecoper, para pintar los doce cuadros, a 1.000 florines cada uno. Tuvo tiempo de esbozar doce dibujos, doce veces narró el valor de los bátavos*, su rebelión contra el invasor romano. Luego se metió en cama, presa de unas fiebres que en dos días acabaron con él. A los cuarenta y cuatro años. Tus recuerdos eran tristes. En tu taller, Govaert Flinck sabía hurgar en las sombras antes de olvidarlo todo entre guirnaldas de follaje y flores. Creo en el juicio de Dios, pero no lo repito en voz alta.

El notario te tiende la pluma mojada en tinta parda. Vuelve hacia nosotros la última hoja del contrato. Todos los del gremio de San Lucas esperan el encargo de las pinturas. Contaste doce cuadros, los pintores capaces y aquellos que, en el Ayuntamiento, siguen siendo amigos de tu arte. Eso fue antes de nuestro contrato y de tu nueva libertad, antes de la cólera de los ladrones, y me digo que no tardarás en saber si has sido perdonado en el Ayuntamiento, así en la tierra como (con certeza) lo has sido ya en el cielo.

Tiendes la pluma a Titus. Confiadas, nuestras miradas se cruzan. Titus sujeta muy alto el cañón de la pluma, mediante

* En sus *Historias*, Tácito incluye el relato acerca de los bátavos. En 1610, dos autores holandeses, Scriverius y Grotius, lo desarrollarán insistiendo en las analogías entre el patriotismo de los primeros habitantes de Holanda (siglo I antes de Cristo) y el de los holandeses del siglo XVII.

curvas aplicadas ésta raya el papel. Luego te la devuelve. Me miras. El momento es solemne, dicen tus ojos graves. Todo tu rostro, tu cuerpo entero me sonríe. La hoja se desliza hacia mí. Al pie de las líneas oscuras del notario, bajo la bonita rúbrica de la firma de Titus van Rijn, tu dedo se posa un momento allí donde debo firmar tu libertad. Apoyo la pluma en la hoja. Rasgueo dos trazos que se cruzan, una cruz, mi firma. El segundo trazo es demasiado largo, si el Salvador hubiera sido crucificado en esa cruz, la madera restante más allá de sus manos clavadas habría asomado en exceso.

A continuación, Rembrandt van Rijn traza las bellas redondeces de su nombre. Tomando sobre Él nuestra maldición para librarnos de ella; sobre mi Cruz, ante mis ojos, Lo veo, ha sido colgado de la madera, por nosotros sufre, por nosotros muere. Los dos testigos, Jacob Leeuw y la amplia rúbrica que rodea su nombre, luego Frederik Hedelbergh, que apoya con fuerza la pluma cuando el trazo vuelve a bajar hacia él. El Salvador ya no está allí. Libre, ha resucitado; y la cruz marca para siempre el papel. La cruz desnuda trazada por Hendrickje Stoffels, oveja del Señor expulsada de Su mesa. La vida eterna brota del agua de vida que Él ofrece. Por último, el notario Nicolaes Listingh firma las minutas. Cristo ya no está humillado. Ha dejado de sufrir. La Cruz, santificada por Su sangre, resucita a los muertos. La Cruz está desnuda.

24 de julio de 1663

El Señor propuso: tres años de hambre, tres meses de derrota frente a sus adversarios, bajo las estocadas de sus enemigos, o bien por espacio de tres días la espada del Señor. Y la peste en el país.

David eligió con rapidez: «Que caiga más bien en manos del Señor, pues grande es su misericordia, pero que no caiga en manos de los hombres».

Así pues, el Señor envió la peste a Israel. En tres días mató a setenta mil hombres.

La misericordia de Dios es grande, pero la peste es la epidemia del Maligno. La culpa es del cometa con cabellera que atravesó el cielo hace dos lunas. De la lluvia y del desbordamiento de las aguas, de la niebla, de la invasión de la tierra y el agua por los saltamontes y los sapos.

Los primeros en ser infestados son aquellos que comen demasiada carne, pues si, con tanta infección del aire, la carne huele a podrido, también puede envenenar el cuerpo que la ingiere. Cuando no la vomita o no la cuece en su propio calor.

Los primeros en caer enfermos son siempre aquellos que tienen demasiados gusanos y los que se dejan llevar por la tristeza, el miedo y la cólera. Es lo que Ephraïm Bueno llama los humores negros. Con la luna llena es cuando aumentan. Por eso la peste empieza siempre una noche de luna llena. También en esas noches es cuando mata más.

Luego, se instala, lo cubre todo. La peste sustituye a la vida. Se olvida muy deprisa lo anterior, como si la vida no hubiera existido jamás, como si la peste siempre hubiese estado presente en la ciudad. Los recuerdos desaparecen detrás de los olores y los gritos. Por eso es necesario rememorarlos siempre, para no morir de peste sin recuerdos.

Y cuando, día tras día, la peste continúa pudriendo la vida y a la gente, resulta posible creer que nunca jamás desaparecerá. O acaso cuando haya acabado con todos los seres vivos.

Ya en los primeros días, desde las primeras muertes, pelé cuatro cebollas. Hundidas en el suelo, en una esquina rota del embaldosado, recogen las infecciones de la casa. Al cabo de diez días, en que estarán completamente infectadas, hay que cambiarlas.

Entre el contrato y la peste, durante más de dos años no hiciste sino pintar. El motivo era el retraso de tus cuadros y de tus ansias de pinturas, el contrato y la nueva paz en tu vida. Antes de trabajar todo el día en la pequeña habitación que llamas el taller, caminabas una hora a lo largo de los canales que se entrecruzan en el barrio, que suben y bajan con cada puente del Jordaan. Te cruzas con hermosas miradas, rostros auténticos, dices, monjes, Cristos, apóstoles. En el rostro del mendigo encontraste al viejo poeta griego. Por un florín, pan, unos arenques y tres bocks de cerveza, todos los días posaba para ti hasta la noche.

Desde la mudanza, Judith ya no trabaja para la familia de Rembrandt van Rijn, ni limpiando en ninguna otra casa. Sin embargo, ofrece sus servicios de cocinera en el domicilio de dos comerciantes del Keisersgracht. Cuando no regresa demasiado tarde, en el camino de vuelta llama a nuestra puerta. Deposita en la mesa la esponja empapada en vinagre que le protege la boca y la nariz de los peligros del aire. Tira los dados con Cornelia. Habla muy quedo para no molestar. Ya son más de doscientas muertes. Los notables abandonan la ciudad, se marchan lo antes, lo más lejos y por el mayor tiempo posible, a la villa que poseen en el campo. Allí donde el aire de la niebla está cargado de miasmas. Eso es lo que dice Ephraïm Bueno, y Rembrandt le cree; además, no le gusta salir del taller. Entre la epidemia y la melancolía de la campiña, tampoco yo quiero abandonar la ciudad. Sin saber adónde, hasta cuándo y con qué dinero. Los cuatro nos protegeremos, yo sabré hacerlo.

Todos los días el mendigo subía la escalera. Gemía a cada paso. Es Homero, Homero está vivo. Sus ojos apagados han visto demasiado. Las palabras salen de su boca sin dientes. Su rostro se ha detenido en algún temor, una visión quizá. Las manos, posadas en el aire, hablan. Sentado a su lado, con los ojos desmesuradamente abiertos a los labios y la visión del poeta, el joven escriba toma notas. La vida de los hombres es la guerra, es el amor, es el caballo de Troya. Veneno dentro de un regalo, decía Titus.

Isaac Just nos hacía visitas. Sobre todo para ver el retrato de Alejandro Magno, cuando le dijeras que estaba acabado y cuando el olor a pluma de gallina hubiese desaparecido. Don Antonio Ruffo es un hombre de gusto y de cultura, así como de gran paciencia. Seis años atrás había pagado la mitad de los 500 florines que debía por el lienzo, ¿Rembrandt no volvería a tener necesidad de dinero? Isaac Just quiere entender bien la época de la quiebra y de la mudanza, el amor por el retrato de Titus Alejandro y la perfección incesantemente buscada en el trabajo siempre recomenzado; sí, ve la apostura y el orgullo de Alejandro en la luz de su escudo y en el oro de la pasta. Sin embargo, querría venir uno de estos días, tan pronto como Rembrandt haya firmado el cuadro, con la caja del transportista. Ante Homero, que dicta al joven escriba, afirma que con toda certeza a Antonio Ruffo le gustará.

En opinión de Judith, el azogue en la avellana no protege-

rá lo bastante de esta nueva peste. Espera una receta. Para hacerme reír, cuchichea: el secreto de una bruja. Conoce asimismo el de Alejandro Magno. Donde se pegan los miasmas es en
la araña encantada, todo el aire de alrededor se vuelve limpio.
Trazar un círculo con cuerno de unicornio en polvo y colocar
la araña en el centro. El cuerno de unicornio hechiza, la araña
permanece en el círculo. Alejandro Magno gastó gran cantidad
de oro para expulsar a los unicornios, pues viven solitarios en
un desierto en el último confín de las Indias Orientales.

Se diría que estos años de vida difícil te han hecho conocer a
tus pocos amigos verdaderos. Es la bondad lo que buscabas a
diario, es su bondad, que reconocías en los rostros del Jordaan;
en las miradas, la ternura, la generosidad sin mentira, el alma,
decías.

Los que estaban dispuestos a seguirte con su bondad al Rozengracht repetían que se sentían dichosos de posar para Rembrandt van Rijn. Yo servía queso y cerveza.

«Una mirada de apóstol.» Tu risa es triste, ni más ni menos
que antes. Extiendes una capa bien gruesa de color sobre el lienzo. Con el rostro esculpido por la vida y la bondad, sentados
ante sus escritos, sujetan una pluma o cruzan las manos a fin
de orar mejor. Tú los llamas Simón, Bartolomé o Mateo. A su
espalda, Titus susurra a Mateo palabras de ángel.

Lodewijck van Ludick te visitaba y con frecuencia se iba con
un cuadro, con un apóstol. Es su trabajo de marchante, pero ante todo se trata de amistad. Mudo ante las pinturas, las contempla largo rato, de lejos, luego de cerca, otra vez de lejos. A continuación dice que te admira, y manifiesta su amor por tu arte
y su cólera contra los gustos de la época. El comercio no se recupera; ahora se debe a la nueva guerra contra Portugal, es el
hábito que tienen los ricos de sentir miedo, dice, miedo a perder sus posesiones. Ese temor ahuyenta la bondad, la risa, el
anhelo de belleza y la moral. Era antes de la peste.

Día y noche, ante cada casa gruesas antorchas queman el aire de Amsterdam. Queman los miasmas del aire. En las calles sin sombras, sus llamas denuncian asimismo a los sembradores de peste. Son los enviados del diablo. Fabrican un ungüento con el pus de los bubones. Con una nuez de ese veneno oculta en el hueco de la mano, embadurnan la aldaba de la puerta de la casa elegida. También son ladrones, escogen las casas donde distribuir la epidemia en razón de las posesiones de sus habitantes. Hay ladrones de ricos y ladrones de pobres, sembradores de peste en el Dam y en el Jordaan. Son los primeros en saber si la epidemia ha entrado en la casa elegida. Luego acechan, escuchan los gritos, sobre todo por la noche. Cuando, en su lecho de dolor, los moribundos ya no esperan nada (en su demencia, ya ni siquiera la muerte), los sembradores de peste roban. Sobre todo, no hay que alejarse demasiado, u otros ladrones entrarán antes que ellos.

Junto con Ludick e Isaac Just aguardabas la decisión del Ayuntamiento para las pinturas de la Gran Galería. Los Regentes no tienen prisa. Hay que tener en cuenta que todos los años, entre sonrisas y embustes, votan. Hasta el año siguiente, ese comercio de acuerdos aparta del poder y lo ofrece a otros. Las pinturas de la Gran Galería no constituyen la primera ocupación de los Regentes, pero pueden provocar un desacuerdo y humillar al oponente. Meneo la cabeza y tú lo repites. El poder ante todo, el poder y el dinero. Sólo dos primeros encargos se han llevado a cabo, sólo dos pintores elegidos. Lodewijck dice que Lievens y Jordaens no molestan, que Lievens ha sabido agradar a todos y también que da clases de dibujo al hijo de Cornelis Witsen. No es que yo no lo entienda, pero las historias de poder de los Regentes siempre se parecen, y son tan fastidiosas…

Ante las casas, las antorchas queman la peste. Pueden igualmente quemar las casas y la ciudad. Los cubos y las escaleras de mano han sido comprobados delante de cada puerta, por la vi-

da de todos, a pocos pasos del agua del canal. Dos o tres veces
por semana, desde las primeras lenguas de fuego, las matracas
repiquetean. Su llamada es contraria a lo habitual. Todos acuden. Salvo aquellos que ya no pueden hacerlo.

Hasta la llegada de Aert de Gelder, Titus era tu único discípulo, tu única ayuda en el taller. Para que el tiempo se deslice menos por la obra de Rembrandt, ha aprendido desde hace mucho. Trabajabas tanto..., y durante todo el tiempo de que
disponías; ni siquiera percibíamos ya los olores. Antes de preparar los lienzos y los colores, Titus se pasaba mañanas enteras cociendo al baño María la piel y los huesos de conejo, directamente sobre el fuego con el diente de ajo y la pluma de gallina,
el aceite de linaza y de adormidera. Un mediodía, el vecino Andries, que es alfarero y que comparte la pared de su dormitorio
con nuestra casa, y nuestros olores con los suyos, llamó a la
puerta; preguntó si estaba obligado (ahora y durante lo que le
quedara de vida) a acostarse, dormir y levantarse en la cocina
del diablo. Hasta el punto de que hoy, con su macho cabrío en
la sala de atrás y el olor que se mezcla con los nuestros, Rembrandt, Titus y yo no nos atrevemos a decir nada. En la ciudad
hay quien cree que el hedor de un macho cabrío ahuyenta los
miasmas de la peste, y hay algunos en Amsterdam. Si el alfarero está en lo cierto, los miasmas que entran en nuestra casa son
expulsados junto con los suyos.

Ephraïm Bueno y Abraham Francen se presentan a la hora de la cena. Por amistad. Traen algunos coucks y melaza para el postre. Saben que no volverán a comer en el Rozengracht el hutspot o el guiso de melón que cocían durante horas en la cocina de la Breestraat.
    Eso es amistad; Abraham vive en el Jordaan, pero Ephraïm
atraviesa la ciudad y la peste, cubriéndose la cara con un gran pañuelo de las narices empapado en oxicrato rojo mezclado con
agua de rosas. Después de los nabos fritos y el queso de Edam,
mientras los coucks se calientan en la chimenea, se saca del bol-

sillo la bolsa de tabaco dorado y unas pipas muy blancas, completamente nuevas. Ofrece, tiende una pipa, pero Abraham y Titus no fuman. Incluso en tiempo de peste, no, gracias. Y Rembrandt ha pintado tanto, hasta la noche, que ya se siente por completo ahumado. A menos que se deba al macho cabrío del vecino. Se mira las manos, extendidas al frente, manchadas con todos los colores mezclados. Se las huele apresuradamente.

Serio, Rembrandt se inclina hacia Ephraïm.

—Jamás piojos ni pulgas. Quién sabe si los miasmas de la peste resbalarán también sobre los aceites pegados a mi piel.*

Pero Ephraïm está siguiendo con la mirada el humo que escupe, el cual sube y permanece vacilante en el techo. No se ríe. Ni siquiera esboza una sonrisa. Pellizca la pipa en la comisura de la boca y habla por el otro lado. Ya son más de quinientas las víctimas de la peste en Amsterdam.

Isaac Just ha venido con el transportista. Rembrandt y Titus han enrollado el lienzo de Alejandro Magno largamente trabajado, amado y dejado secar. Con la pintura hacia fuera, lo han enrollado despacio y luego lo han protegido con un trozo de lienzo virgen. Como todas las veces que un cuadro abandona el taller para colgar en la pared de su comprador, con la punta de los dedos que lo han pintado, que lo han hecho surgir de la nada (de un lienzo virgen, de las vejigas de colores y de la luz en su cabeza), Rembrandt lo acaricia. Con los ojos cerrados. Es una plegaria, el deseo de una larga vida y acaso de un volverse a ver. Convencido, al mismo tiempo, de que jamás irá a Sicilia.

Acto seguido han enrollado la pintura inacabada de Homero. Con la esperanza de que a Ruffo le guste y sienta deseos de que Aristóteles, Alejandro y Homero se encuentren largamente en las paredes de su biblioteca. Quinientos florines cada una;

---

* ¿Otra «frase premonitoria» de Rembrandt? La peste, las pulgas, los aceites...

además del coste del lienzo, el marco, la caja y el embalaje, del transporte a Texel y al navío, de los aranceles y el seguro del diez por ciento sobre el coste del cuadro hasta Messina, más otro seguro y cambio en Venecia, todo ello a cargo del comprador. El transportista ha clavado la caja.

Para expulsar los miasmas, primero hay que perturbarlos en el aire quieto del verano. Con sus sones y repiques, las campanas azotan el aire. Mucho tiempo después, el eco lo sacude todavía.

Quizás han oído el carillón, acaso han adivinado su liberación inminente. Los gusanos alimentados con el serrín de su túnel (cada cual el suyo) roían y vomitaban cada vez más deprisa. Acabar con ellos. Era un pequeño ejército en las tinieblas de la madera, pero ninguno de ellos lo sabía, ningún gusano oye jamás las órdenes.

Por la mañana, la carreta rueda por los ladrillos de la ciudad. El portador de las campanillas lanza su llamada, larga y triste como la del búho: «Sacad a vuestros muertos». Se lo oye desde lejos, sobre todo aquellos que tienen un cadáver de esa misma noche en su casa y que, apostados en la ventana desde el amanecer, acechan su llegada. Ésos lo llaman.

Desde las ventanas de los pisos caen entonces a la carreta los cuerpos grises de los muertos recientes, cuerpos distorsionados como madera muerta, que rebotan sobre las otras maderas torcidas de los muertos de esa noche, todos enmarañados unos sobre otros, los brazos y las piernas demasiado largos y estorbando (los brazos muertos siempre son más largos que los de los vivos). Los apestados casi siempre mueren desnudos. Es porque antes sufren enormemente con la fiebre que los consume y les provoca sed en todo el cuerpo, y se debe también a que tanto sudor hace subir la demencia a la cabeza, y ya no pueden más. Ni siquiera soportan un paño o una sábana sobre el fuego de la piel.

Fue en tu retrato, en el espejo que sustituyó al viejo en el marco de ébano, donde reconociste al apóstol Pablo. Bajo la frente, surcada de profundas arrugas, la mirada es pura, casi inocente. Dice que vive igual de bien en la abundancia que en la escasez, pero, bajo el turbante blanco y la pelliza desgastada por el frío, sufre. Las manos se ocultan, abrigadas, apenas visibles, sujetan las Epístolas. Y sus ojos se asombran por tener que sufrir todavía.

Tengo miedo. La peste hace la vida aún más peligrosa. Miedo por todos nosotros, por ti y por tu obra, que sólo acabará cuando acabes tú. Los médicos ahora lo saben. Abraham Francen está seguro, algunos muertos por la peste han sido diseccionados, sí, troceados, abiertos y hediondos, sin que ni el cirujano ni ningún ayudante hayan contraído la infección. Prueba de que la peste pasa de un apestado a alguien que aún no ha contraído la enfermedad por espiración del aire, y esa espiración sólo pertenece a un vivo. En efecto, un muerto ya no respira, sobre todo un muerto de peste.

Dieciséis años, ojos enrojecidos y los granos propios de la edad en la frente, las mejillas y la barbilla, Aert de Gelder ha dado un paso. Crecido demasiado deprisa, y en exceso delgado, se mira los zuecos, que se bambolean y hacen crujir la nieve ligera de la mañana. El frío barre polvo de nieve hacia el interior, pero no puedo cerrar la puerta, no antes de su segundo paso.

Llama maestro a Rembrandt, se lo dice muy bajito y sus granos enrojecen. Los otros discípulos utilizaban la misma palabra pero sonriendo; tal vez porque el maestro Rembrandt era más joven, menos corpulento y menos pesado, quizá porque aún no había pasado por todas las dificultades de la vida. Hay noches en que dices que resulta de gran ayuda, pero que tiene demasiadas ganas de agradarte y de ser un buen copista.

Titus pregunta entonces si has visto otra pintura en su pincel. Dice también que, con su amabilidad, Aert es bienvenido, y que con un aprendiz en el taller para ganar tiempo, podrá viajar en beneficio de nuestro negocio de arte (yo siempre sonrío). A bordo de un pontón hacia Delft, La Haya o Rotterdam. Para vender y comprar, vender sobre todo. Ofrecerá asimismo la pericia del grabador Rembrandt van Rijn a aficionados o a marchantes de grabados.

Siempre llevo al cuello la avellana llena de azogue; espero de un momento a otro la nueva receta de Judith. Dios es justo. Frente a la justicia de Dios, todos nosotros oramos por la vida eterna. Los tres primeros domingos de la peste, todos de rodillas en las baldosas heladas del templo, con nuestras ropas de raso, de seda o de paño, con fervor rezamos a Dios y a su misericordia, que es grande. Después de tres días de peste en Jerusalén y setenta mil muertos, el Señor miró y se sintió afligido. Dijo al ángel exterminador: «Basta».

Los que hayan hecho el bien resucitarán para la Vida, los que hayan hecho el mal resucitarán para el Juicio.

La peste mata a las multitudes. Cuando se instala en la ciudad, ya sólo existe la peste, ya no hay multitud. Parapetados tras nuestros pañuelos o nuestras esponjas, que huelen a vinagre y a agua de rosas, todos evitamos los encuentros. Tras las primeras semanas, ya no hay prédica, ni templo, ni Bolsa, ni mercado, ni ciudad. Durante una verdadera epidemia de peste, ya no se vende nada, ni se compra nada, todo transporta los miasmas: las telas, las pieles, la verdura y la fruta, la carne y el pescado, el dinero y el aire que se comparte, por doquier acecha el peligro. Los pobres que no mueren a causa de la peste, lo hacen por ardores en el vientre, y de hambre. Los ricos que no han abandonado la ciudad permanecen encerrados el mayor tiempo posible, rodeados de montones de provisiones que su dinero ha comprado.

Las verduras están prohibidas en la plaza del Dam, los hortelanos las venden ante las puertas de la ciudad. Cada cual se sirve en los puestos de madera, las pieles no se tocan. No compro pepinos, rábanos ni cerezas negras, que transportan la infección. El mercader cuenta con la mirada las monedas de plata en mi mano, y una por una las dejo caer en un cubilete lleno de vinagre. Ante la mirada del vendedor, en el vinagre, una a una cuento las monedas. Con el cesto siempre a rebosar y pesado, atravieso media ciudad en sentido contrario con la esponja empapada en oxicrato ante la nariz.

Cada cual se protege de los miasmas entre sus paredes. La ciudad ya no existe. Tampoco hay ya escuela, ni siquiera la del parque del Laberinto, donde Cornelia aprendía a leer, a escribir y a contar. Titus le enseña ahora, mejor y más deprisa que el maestro.

Christian Huygens ha inventado el manómetro. Un manómetro pesa el aire y los gases. Pregunto si también pesa los miasmas. Abraham no lo sabe.

A grandes pasos por los ladrillos de la ciudad, como una lepra roja ante su rostro, el médico de la peste se oculta detrás de la esponja. Sin embargo, muy recto frente a sí, su vara blanca lo anuncia. En las casas infectadas, voces quejumbrosas lo llaman. Ante los enfermos que ya no son sino moribundos, realiza los gestos habituales de todos los médicos de la peste: con mayor rapidez que la naturaleza, abre los bubones y deja que aflore el veneno del interior.

Entre dos casas, entre dos hogueras, en medio del silencio, escucha. Ya he modificado mi trayecto; no hay nadie enfermo en mi casa, y huyo lo más lejos posible de los miasmas que el médico de la peste pasea de bubones en bubones.

Siempre te gusta buscar, siempre la vida, siempre las mismas respuestas (dices) en la transparencia de las carnes. Y cuanto más envejecen la piel y la carne, más se dejan atravesar. Hasta el punto de que, a fuerza de pintar viejos, me decía que envejecerías más deprisa. Tú y tu sonrisa, cada vez más dulce, cada vez más triste. Tu amor por los vivos tiene el peso del tiempo que ahonda, hincha, que enrojece y amarillea. Van Ludick lo sabe todo acerca de la fortuna de Jacob Trip: procede del hierro de Suecia, del salitre de Polonia, que se convierte en pólvora de cañón, de los bancos que prestan a la realeza. La fortuna de los Trip es incontable. Y ellos no gastan.

No gastamos. Es lo que dicen los labios apretados, la mirada acerada y la gorguera de Margaretha de Geer*, demasiado parecida a un plato y excesivamente blanca, que ya no responde a los gustos de la época desde finales de los años treinta.

Los Trip venden pólvora de cañón, pero la mujer lleva las gorgueras de su juventud, compradas una sola vez para toda la vida. Toda su existencia se estrangula en la gorguera doble y dura de sus años mozos. Ella jamás ha cometido un error, el plato alrededor de su cuello constituye la prueba. La vida no es sino una moral, aprendida en las leyes desde la infancia. Su gorguera es su moral. Limpia y blanca a pesar de los años, completamente dura como las certezas.

Sin embargo, la vida sigue latiendo debajo de esa carne amarillenta que la sangre del interior ya no logra sonrosar. Tan cerca de la muerte que mira de frente para rechazarla mejor. La vida sigue presente en el rostro de Jacob Trip, que, al extremo de tu pincel, se desdibuja bajo una nueva suavidad (la de la duda y el miedo), y cuyo retrato acabarás después de su muerte. Está en la pesadumbre, en la rojez de las órbitas de Margaretha de Geer, hundidas por haber vivido la agonía de su marido. Está sobre todo en el pañuelo que sujeta en la mano derecha, prueba de que bajo su pecho algo late todavía.

Por Cornelia, por Rembrandt, Titus y yo, durante nueve días Judith no ha venido al Rozengracht. Su marido ha muerto de

* Cuando la mujer es nombrada independientemente de su marido, se la designa con el apellido de soltera (así, Margaretha de Geer es la esposa de Jacob Trip).

resultas de la epidemia. Ella no ha hecho como dos vecinas suyas del Bloemgracht, no ha dejado la casa. Ha encendido velas entre ella y su marido, y en las llamas, ha quemado ruda, sarmientos de viña y alcanfor. Durante tres días ha respirado el mismo aire que él, pero a través de buen vinagre. No ha contraído la epidemia. A todas horas, día y noche, con una mano bajo su nuca, le despegaba los labios y lo ayudaba a beber. No durante las últimas horas. Hasta que reinó el silencio no volvió a entrar en la habitación. A causa de los dientes, el olor y el ruido.

Judith se ha quedado. Si una mujer abandona a su marido infestado de bubones, los vecinos clavarán la puerta y los postigos de su casa hasta que reine el silencio. El abandonado muere solo y encerrado tras cuatro días de terror, de sed y de demencia. Si un marido abandona a su mujer, si una madre o un padre abandonan a su hijo enfermo, siempre clavan la puerta y los postigos para encerrar los miasmas del interior. En otras ciudades, la familia entera de un enfermo (incluso aquellos que todavía no han contraído la epidemia) es enterrada en su casa tumba. Los vecinos escuchan y, cuando se hace el primer silencio auténtico, abren la puerta y los postigos. Entonces ya no hay tiempo que perder, un cuerpo muerto de peste tiene más gusanos y se transforma más deprisa que otro.

Ephraïm nos ha ofrecido buen vinagre. Rembrandt se enjuaga la boca todas las mañanas con el oxicrato mezclado con agua de rosas, mitad y mitad. Es el remedio contra la peste, pero también contra el dolor de muelas y de encías.

Desde su ventana Judith ha llamado al portador de las campanillas. El cuerpo muerto que era su marido ha caído sobre los otros maridos en la carreta. Ha quemado la paja de su cama y las pieles. Con toda seguridad han ardido algunas ratas junto con la paja, vivas y muertas. Las ratas, al igual que los hombres, mueren en mayor número en tiempo de peste.

Acto seguido se ha presentado el aireador. Sin que Judith lo hubiera hecho llamar. Existen diversos oficios de la peste: después de los notarios, los aireadores siguen de lejos a los médicos de la peste. Desde la distancia, por la vara blanca, el aireador sabe qué casa habrá que airear pronto. Tiene exceso de trabajo en época de peste; y si no muere por el gran peligro que implica su oficio, después de la peste ya no tiene el suficiente. Abre, airea, sacude, quema, lava las paredes con vinagre, perfuma con hierbas aromáticas, alcanfor y ciertos secretos la casa del apestado muerto.

En sus pesadillas Judith esperó todavía algunas noches. Sus dedos rebuscaban en su cuerpo, rozaban ligeros la cara interna de los muslos, bajo los brazos, en el cuello y detrás de las orejas, le temblaban allí donde siempre apuntan las flechas del Señor. Luego se frotó el cuerpo, la cara y el interior de la boca con vinagre. Le pregunto si su intención era reconocer los bubones y seguir a su marido a la carreta, no quedarse sola. Sus ojos enrojecen y baja la cabeza.

Don Antonio Ruffo ha recibido la caja y los lienzos. Ha escrito a Giovanni Vallembrot, el cónsul italiano en Amsterdam, quien ha traducido la carta al holandés a Isaac Just, para que transmita los reproches a Rembrandt van Rijn. En contra del artista, el marchante defiende al hombre de dinero y de poder. La voz de Rembrandt, la respuesta de Isaac Just, Rembrandt cada vez más seguro, Isaac Just repite, en voz cada vez más alta. Don Ruffo ha descubierto que el retrato de Alejandro Magno está pintado sobre un lienzo al que se han cosido otros tres trozos.

—No ha descubierto nada —replica Rembrandt—, puesto que nada he querido ocultarle.

Don Ruffo piensa, y así lo escribe, que la pintura que cubre la costura se agrietará y se desprenderá de la tela.

—No existe mejor cola fuerte ni mejores óleos que los del taller de Rembrandt van Rijn. Mis pinturas jamás se agrietarán, perdurarán durante siglos.

Ruffo se ha prendado del retrato de Homero a medio pintar, la carne de su rostro que ya ha vivido a medias. Comprende que Rembrandt repara con esa obra los fallos del Alejandro; que no quiere afligir ni perder a su coleccionista, hombre de cultura, hombre de gusto.

Don Ruffo enviará de nuevo los dos cuadros a Rembrandt. Por lo que respecta al Alejandro, que el pintor lo repare como es debido o que lo vuelva a pintar. O bien que le devuelva su dinero, los 250 florines ya entregados. Y el Homero que dicta a un escriba lo quiere, pero no al precio de 500 florines, no, por la mitad.

La peste vuelve locos a los enfermos, y peligrosos a los locos. Desde lejos desconfío de aquel de allá lejos que viene hacia mí, a lo largo del mismo canal. Los que tienen bubones antes de que aparezcan las fiebres salen por la ciudad con el fin de manifestar su odio hacia Dios y hacia los vivos. Hombres y mujeres estrechan entre sus brazos y pegan los labios a quienes se cruzan en su camino, frotan un bubón recién aparecido contra la piel de aquel a quien Dios quería proteger. Con gritos de cerdo degollado, los cuerpos luchan y se retuercen (sobre todo cuando el primer bubón ha salido en la ingle o en el cuello). Los enfermos que han enloquecido les echan su aliento podrido, la lengua infecta todas las aberturas o bien hace la mueca del diablo. En el azar de los canales, eligen a quienes, pocos días después de ellos, serán arrojados a la fosa.

No era todavía la peste, pero ya los miasmas se instalaban. Antes de atacar y de quemar los cuerpos, vuelven locos a los hombres. Sin bubones, don Antonio Ruffo tenía la peste del poder; desde Messina, en Sicilia, hasta Amsterdam, la enfermedad viajó en su carta.

Las paredes de la casa temblaron, en su torno las manos del alfarero se estremecieron, todos en el Rozengracht oyeron retumbar en su sangre el rugido del león. Tu respuesta es rápida y no admite discusión, Isaac Just logra difuminar a duras penas la cólera de tus palabras. «Sí, en verdad estoy muy sorprendido, mas si el cuadro se expone a buena luz, nadie verá los añadidos cosidos, y puedo pintar otro Alejandro, por vuestra cuenta y riesgo y a vuestras expensas, y por 500 florines, y los mismos para Homero, Vuestra Señoría, quedo a la espera de vuestra respuesta.» Don Ruffo leyó y también él oyó tu cólera. Ha comprendido que al artista le asiste el derecho, todos los derechos. La creación es exigente, necesita recurrir a efectos como los añadidos de tela. Sí, a don Ruffo le gusta el Alejandro, lo colocará en su biblioteca bien iluminado. Y el retrato empezado de Homero viajará de nuevo, del sur hacia el norte. Con el tiempo, y por los 500 florines pedidos, acabarás la pintura.

Matar a los gatos y a los perros en cuanto se los divisa. Todos los gatos y los perros sin correa, y sin dueño, de la ciudad.

Antonio Ruffo ha desatado un humor negro en tu cabeza. Me digo que el tiempo que nos ha sido dado es precioso, y que Dios no debería permitir que la gente de dinero robe su tiempo a los artistas. Un artista no sólo trabaja para aquellos que viven en su época; lo que ofrece al resto de los mortales es más valioso que la duración de su insignificante vida en nuestra inmensa Tierra, más que todo el dinero que pueda amasar un hombre acaudalado en ese mismo intervalo.

También a mí la carta de Ruffo me había puesto de mal talante. Pero yo sólo tengo treinta y cuatro años y puedo soportarlo. Es por ti, amor mío, por quien me duele. Dentro de seis años tendrás sesenta y tres. Siete veces nueve, sesenta y tres, el año climatérico. Es el año peligroso, todo el mundo lo sabe, y todos lo temen. Quien supera el gran climaterio de su vida vivirá todavía mucho tiempo.

He gritado. Por primera vez en catorce años, Titus me ha oído gritar. Es a causa del miedo. No son sus dientes o sus ojos enloquecidos, sino sus pelos, que tan buen escondite ofrecen. No,

Titus no recogerá en nuestra casa a todos los gatos y los perros sin correa de las calles de la ciudad. Se trata de ellos o yo. No, no veré morir a aquellos a quienes amo, ni moriré yo, por salvar a animales de pelo. Antes nos iremos, Cornelia y yo nos alejaremos, cada vez más empequeñecidas a la puesta del sol al extremo del canal, lejos de los miasmas de la peste que transportan en sus pelos los gatos y los perros de la ciudad.

Rembrandt ha puesto una mano en el hombro de su hijo y se lo ha llevado a dar un paseo. Cuando he salido de la habitación, los animales de pelo ya no estaban en la sala de atrás. Titus tampoco. Me has estrechado con fuerza entre tus brazos. Tu suspiro huele a vinagre, todos nosotros olemos al vinagre de la peste. Titus ha regresado antes de que cerrase la noche.

Ephraïm jamás bebe el agua de la ciudad, y aconseja hacer otro tanto. Tal vez los miasmas se ahoguen en ella, pero no llegan a morir. En el fondo de los canales, siguen matando a las ratas. Entre chupada y chupada a su pipa de humo, sólo bebe cerveza. Por su parte, Abraham, entre dos bocks de cerveza negra bien tibia, dice que la peste mata a los bebedores de alcohol (puesto que todos los vivos lo son), y que si no es la epidemia, es el alcohol lo que los matará. Pero Ephraïm no ríe. Contempla a lo lejos las luces de las antorchas, que bailan en el cielo sin estrellas de Amsterdam. Ya son más de mil muertos.

Los hombres te roban tu tiempo, la peste roba el aire y la luz. Y yo no puedo hacer nada. Inventar todos los días nuevas comidas para preparar, y limpiar la casa, escuchar a Titus, que mira a las muchachas, hacer reír a Cornelia y que tú la oigas, besarte todos los días. Entre mis brazos, entre mis senos, ocultarte el mundo, que ha perdido la bondad y la moral. Que, acabadas las palabras, cada beso te hable de mi felicidad a tu lado, y engullirte con mi boca, cada vez más abierta.

Apenas un suave suspiro, sin sorpresa. Haberse acostumbrado a la piel del otro, compartir el mismo calor, ahí radica la sorpresa. En el deseo que crece. Como si buscaras pese al tiem-

po transcurrido… Mi amor, que arde en mí, se vuelve un prolongado grito. El único hombre desde hace tanto tiempo…, sí,
ambos nos encontramos. Sin tantas prisas. Y siempre nuestros
ojos se esperan, siempre la misma sorpresa, aquí y ahora en la
misma luz.

Las ratas no gritan, por eso mueren en racimos, apretadas unas
contra otras. En el campo, los hombres de ciudad creen huir de
la peste, mas siempre se la llevan consigo, siempre los atrapa.
Ya no hay nadie para darles de beber, para tomarles la mano, ce-
rrarles los ojos, atarles un paño alrededor del rostro y acallar ante Dios el grito de sus dientes. Nadie, tampoco, para fabricar
ataúdes ni enterrar.

Con una sonrisa en el fondo de sus ojos enrojecidos, Judith trae
un regalo para la familia. Cuatro bolsitas de tela para llevar encima de donde late dentro del pecho. Más seguras que la avellana llena de azogue, menos raras que el diamante, ahuyentan la
peste. Si es demasiado tarde, la curan. No la tela de las bolsitas,
sino las bolas que Judith coloca en el fondo.
        Es el secreto de la bruja. Atrapar un grueso sapo, vivito y
coleando, el más grande y el de mejor calidad. Atarlo por las patas traseras con un cordelito y colgarlo ante un pequeño fuego.
Ponerle debajo de la boca una escudilla frotada con cera; antes
de morir, el sapo vomita gusanitos, moscas verdes y tierra. Dejar secar el cuerpo del sapo muerto encima del fuego con poca
llama, hasta reducirlo a polvo. Con las dos manos, apretando
con fuerza, mezclar el polvo y el vómito con cera fundida. Luego, hacer girar entre dos dedos un pellizco hasta darle forma de
bolita. No resulta difícil protegerse de la peste. Judith lloraba.
Al ver sus lágrimas, también yo.

Antes de la peste, en beneficio de nuestro negocio de arte, Titus visitaba los talleres de los pintores de la ciudad. No esos que
pintan para los Regentes, no, sino los que trabajan al lado de su

mujer y sus hijos, en los patios interiores o en las sombras de su casa. Esos pintores, los que miran con amor a su alrededor, conocen las dificultades. Titus sólo puede describir los cuadros, no comprarlos. En estos tiempos de escaso comercio, no sabría a quién vender esa pintura de la vida cotidiana: justo al otro lado del Lauriergracht, el pequeñín de Gabriel Metsu, con los ojos ardientes, abandonado a las fiebres en el regazo de su madre, o esa niñita casi fea a la que vio en el hogar de Pieter de Hoogh, a punto de salir de las sombras de la casa para ir a jugar al kolf* al sol. No, la vida no es agradable en estos tiempos para los pintores que aman, para los artistas que no elaboran su arte con las miras puestas en una fortuna y una gloria tan efímeras como su vida. Es lo que dice Titus, que la tristeza y el vinagre cansan.

Ante el fuego de turba de la chimenea, despiojo la cabeza de Cornelia, puesta sobre mis rodillas. Uno a uno, los piojos y las liendres son ahogados en melaza. Un hombre comido vivo por sus piojos, la vida es peligrosa. En el chapoteo negro de los canales, gritos prolongados como la misma muerte horadan la noche. A cada grito, el macho cabrío del vecino da cornadas que hacen temblar las paredes y las llamas, las cuales rizan los reflejos rosados de los cabellos de Cornelia, le acarician la frente y el fino vello de las mejillas, tan lozanas, las largas y plácidas pestañas. Tengo tanto miedo... Ante esta vida salida de mi vientre a la que al mismo tiempo he regalado la muerte, ya no sé muy bien por qué. De qué sirve. Me digo: qué objeto tiene todo este daño, qué bien persigue.

Creo en Dios Padre Todopoderoso, creo en Jesucristo, Su único hijo, creo en el Espíritu Santo, en el perdón de los pecados, tengo miedo por mi hija, mi chiquitina, a causa de la peste. Piedad, Señor, tendida boca abajo sobre las baldosas rotas,

* El kolf holandés es el antepasado del golf.

que se haga Tu voluntad, la resurrección de la carne y la vida eterna, amén. Que no sea una de esas madres que ven bajar a la fosa el pequeño ataúd de su hijo y a las que, hasta el fin de sus días, el vientre les sangra. Diez veces más que las guerras, la peste ha matado siempre; y siempre, entretanto haya hombres, matará. Mientras nuestras insignificantes vidas la atraviesan.

Un mensajero del Ayuntamiento llamó a la puerta. Te esperaban al día siguiente, a las diez, en la sala de los Regentes. Por fin, el nuevo Gran Regente Vlooswijck quería ofrecerte uno de los doce encargos de la Gran Galería. En la historia de los primeros habitantes de Holanda, los bátavos, en la crónica, a lo largo de doce pinturas, de su rebelión contra el invasor, tu cuadro será el primero. Cada Regente protege al pintor de su elección, obtener para él un encargo supone probar a los otros su poder. Jamás intentaste agradar a Joan Huydecoper, nunca le hiciste reverencias, no te dejaste ver en la velada del St. Joris Doelen, en honor de San Lucas. Mediante el último voto ha sido apartado del poder. Incluso está en cama, enfermo. Y el nuevo Gran Regente te solicita. Comprendo lo que me repites. Esas aventuras del poder, de pequeñas glorias y de grandes traiciones, resultan tan fastidiosas…

El grito lo he lanzado yo. Nuestra casa. El hombre de negro ha sembrado la peste en la puerta, yo lo he visto. Dejo el cesto repleto de coles y sigo gritando tras él, que corre. Es Andries quien lo ha atrapado, el macho cabrío de Andries, que lo ha empujado contra la pared, entre sus dos cuernos. Rembrandt y Titus se reúnen con nosotros. Cornelia y su miedo un poco más lejos, sin su esponja para respirar en el exterior, a casa, le grito que se meta en casa enseguida. El hombre repite que un dolor de cabeza lo ha detenido ante nuestra puerta. Todo el mundo lo sabe, los sembradores de peste mienten. No obstante, si hay algo de verdad en lo que dice, es un sembrador de la peste que tiene la epidemia. Retrocedo. Los ojos del hombre giran en sus

cuencas y delatan su miedo. En mis ojos él debe de ver el mío.
Los guardias municipales lo interrogarán y confesará, al final
de la noche siempre confiesan. Le cortarán las dos manos y luego será ahorcado. Y si no confiesa, lo colgarán igual pero con-
servará las manos. Jamás volverá a sembrar la peste.

En la gran sala de los Regentes, con la espalda gentilmente inclinada, has dado las gracias. Será tu mayor lienzo, todavía más
grande que *La compañía del capitán Frans Banning Cocq*. Sí,
podrás pintarla en una sala del Ayuntamiento, sí, una gran sala vacía con una llave, y nadie entrará. Sí, con buena luz (te responden a toda prisa). Y sobre todo la puerta cerrada, que los te-
rribles olores de los aceites que usas en tu pintura no infesten
el aire de la Gran Galería. No has oído la ofensa, sobre todo no
responder. Los del poder simulan llegar a un acuerdo, se trata
de su juego. Por medio de unas pocas palabras, por un detalle,
se recuerdan que ese juego constituye su guerra. Amor mío, en
su guerra de poder y de gloria efímera, tú eres sólo un detalle.

A lo largo de los canales, cuando llega la puesta de sol, la gente
ya no se desea buenas noches; con una inclinación de cabeza y
la respiración ronca, «una buena resurrección».

Frente al resto de las personas vivas, al fin eras perdonado. Perdonado sobre la faz de la tierra como sin duda lo habías sido ya
en el cielo. Por la quiebra, por el contrato y por las deudas que
jamás serán saldadas. Perdonado y ofendido el mismo día, me
digo para mis adentros. Los hombres jamás cambian. Ni los bátavos ni los Regentes. Sin embargo, mucho tiempo después de
que el hombre de delicado olfato haya dejado de percibir olores, ni siquiera el suyo propio (en la eternidad, cuando ya no
será ni huesos ni polvo), mucho tiempo después de que los olores de la pintura se hayan secado, la luz de tu cuadro seguirá ilu-
minando nuevos ojos. Es lo que pienso, pero no siempre lo digo en voz alta.

Has pedido 1.000 florines, no menos que tu alumno Govaert Flinck, que a ese precio se había hecho con doce encargos.
Lo has dicho muy deprisa, que nadie discuta y que todos te per-
donen de antemano el precio justo. No has manifestado en voz
alta que, con la ayuda de Titus y de Aert, lo harás tan bien y tan
deprisa (durante meses sólo pintarás tu Claudius Civilis) que
los Regentes del Ayuntamiento se sentirán tan entusiasmados
que te pedirán, te rogarán que tengas a bien pintar los demás
cuadros. Mil florines, tu petición ha sido escuchada; su honor
no admite contrato, basta con su palabra. E incluso con su silencio. El 25 de ese mes de octubre, tras un pequeño dibujo trazado a toda prisa, viste el gran lienzo. El 26, el Regente Huydecoper moría en su cama.

El aire de la peste asfixia, y las ventanas cuyos postigos no han
sido clavados se entreabren por la noche. Bajo las estrellas del
verano, entre los cantos de la ginebra, los gritos se entremez-
clan, los de la muerte y los demás. En ocasiones se confunden.
Buena resurrección. Mientras la vida haga acto de presencia
hasta la mañana, tomemos los placeres que nos brinda. La ginebra y el amor. Un día la peste desaparece, nadie creía ya en
ella e ignoran por qué. Pocos meses más tarde, los niños de la
peste vienen al mundo con un aire limpio. Corros de niños para sustituir a los anteriores. Hasta las mujeres estériles desde
siempre dan a luz. Gemelos o trillizos.

Los dos vasitos de ginebra se encuentran, sí, en la tierra los
hombres te han perdonado. En agradecimiento pintarás un
gran y hermoso lienzo, el primero que se verá al entrar, en lo
alto de la escalera de la Gran Galería. Todos acudirán a admirar-
lo, toda la ciudad, el poder, los ricos y los pobres. Otro vaso de
ginebra con tu amigo Ludick; para reembolsarle lo que todavía
le debes de su garantía, prometes la cuarta parte de la liquidación del Claudius Civilis (no menos que Govaert Flinck, no, ni
un céntimo menos). Esa suma será bienvenida, la sombra de la

quiebra planea sobre el honrado Van Ludick. Dice que quizás, en un día no muy lejano, se vea obligado a vender su casa.

Los bátavos aman a Dios. En sus largos cabellos, los hombres encuentran el valor y la fuerza de Sansón para defender su libertad; las mujeres siempre se mantienen castas antes del matrimonio, ni los hombres ni las mujeres cambian jamás, los bátavos son holandeses.

Dolor de cabeza y ganas de vomitar.

Los notarios, los verdaderos y los falsos, atraviesan la ciudad protegidos por sus pañuelos de las narices. Siguen de lejos al médico de la peste. Tras el gran grito inmediato a la incisión del bubón, una vez el médico se ha ido, llaman a la puerta. Quienes no han puesto su testamento al día debido a la peste, aquellos cuyos herederos murieron pocos días antes o que, en la desolación de su alma infectada, ven de otro modo a sus allegados (que con frecuencia ya no son tales), ésos pagan al notario de sus últimas voluntades con una parte de la herencia.

Es un acceso de sudor, una pequeña oleada de fiebre.

Durante todo el día, hasta la caída de la noche, en el Triphuis, la gran mansión de los Trip en el Kloveniersburgwal, pintabas el retrato de Jacob Trip, que acababa de morir. Habías barnizado el retrato de su mujer, con la ayuda del recuerdo acababas el del fallecido. El vecino Andries ha visto mi sudor blanco pero no le he hecho caso, demasiado temor a la fiebre, no, no me meteré en cama. El sol sobre mi fiebre a través de la ciudad constituirá el último esfuerzo. El vecino me ha llevado del brazo hasta el gabinete del notario Nicolaes Listingh, en el Herengracht. ¿Por qué cambiar de notario cuando conoces a uno?

Vomito a causa de los dolores. Acostarme.

Nicolaes Listingh me ha visto achacosa de cuerpo, pero capaz de caminar y en pleno uso de mis facultades, de mi memoria y de la palabra. Que mi única posesión, mi parte en el negocio de arte que proporciona hospedaje y alimento a Rembrandt van Rijn, no sea abandonado a las leyes de la Cámara de los Huérfanos. Que mi hija Cornelia van Rijn herede lo que puede transportarse pero también lo que no puede. Era dos años antes de la peste, pero un notario sabe ver más allá de la misericordia de Dios. Y si mi hija llegase a morir sin heredar, piedad, Señor, que se haga Tu voluntad, chiquitina mía, que sus posesiones pasen a ser de Titus van Rijn, su medio hermano. El tutor de la niña arriba citada será su padre, que tendrá todos los poderes, incluso el de vender. Por medio de otras leyes, hete aquí, amor mío, protegido de las leyes. Las palabras de Nicolaes Listingh siguen girando a mi alrededor, y si la niña muriese antes que la testataria, y sin progenitura… La fiebre sube. Firmo. Me gusta firmar, rasgueo dos trazos bien rectos. Una cruz desnuda, Cristo resucitó.

Nunca antes la cama había temblado. Oigo la matraca del incendio, entra en mis oídos. Son mis dientes que castañetean.

Los romanos perdieron batallas. Luego, gracias a un traidor, invadieron nuestras hermosas tierras. Contra ellos se rebelaron los bátavos, conducidos por Claudius Civilis: expulsaron a los invasores. Abraham decía que Civilis había ganado la batalla. En opinión de Ephraïm, Civilis supo dar su merecido a los romanos; no hay que olvidar (y su nombre constituye una prueba, decía) que había combatido veinticinco años en el ejército romano. Para Abraham, ninguna debilidad hace sombra a Claudius Civilis, los bátavos son un pueblo libre y valeroso, los bátavos son holandeses. Al ser el primero de los doce, tu cuadro representará el episodio del juramento de los conspiradores.

Dormir un poco más. Veo tu bondad que se cierne sobre mí, y tu ceño fruncido, tu inquietud. Tu mano que se acerca, fresca sobre mi frente. Te amo, te sonrío. Me pesan los párpados, me pesa todo el cuerpo, mi brazo es un lastre insoportable para levantar la camisa helada, que se me pega a la piel.

Expulsar al invasor, sí, las espadas lo juran. El vino calienta los ánimos, los bátavos lo saben. En la gran copa bebieron el vino del coraje, la sangre de Cristo. Sentados contra las paredes, otros personajes contemplan la escena. Pero son doce alrededor de la mesa, doce vueltos hacia Claudius Civilis. Civilis es de estirpe real, la corona sobre su cabeza lo engrandece todavía más. Es más corpulento, más fuerte que todos los demás. Su párpado cerrado oculta las batallas, el fuego, la sangre detrás del ojo reventado, en el interior de su cabeza. Ha visto la muerte de cerca, en su ojo. Tieso como una estatua de piedra, se vuelve hacia cada uno de los doce, pues, al tener un solo ojo, necesita ver los juramentos de frente. Ahora bien, ¿por qué el ojo atraviesa más allá del lienzo, por qué, lejos del instante fijado y de la victoria prometida, ya ve el luto, por qué me mira?

Cornelia atraviesa la luz. Sus dientes blancos ríen y luego desaparecen en la sombra. Diminuta contra la pared. Ya no ríe, menea la cabeza, es Titus quien tira de su mano, ahora mi pequeña está gritando; Titus Sansón Civilis, con sus magníficos cabellos de fuego, estrecha a su medio hermana entre sus brazos. Baja la cabeza hacia ella. Aferrados el uno al otro, se sacuden, comparten la misma pena. Vuelvo la cabeza hacia la izquierda y con un solo ojo, al revés, te veo, mi amor.

Dormir todavía un poco, hasta mañana por la mañana. Tus labios susurran palabras, dicen que ya es mañana. Que es por la mañana.

El sembrador de la peste.

Es el sembrador de la peste. Creo en Dios Padre todopoderoso creo en Jesucristo Su único hijo nuestro Señor del Espíritu Santo nacido de la Virgen que sufrió con Poncio Pila-

tos crucificado sepultado a los Infiernos al tercer día resucitó subió a los cielos de allí para juzgar a los vivos y a los muertos. Tengo sed.

En la negrura. Cierro y abro los ojos. Pienso que cierro y que
abro los ojos. Pienso. Es el sembrador de la peste. Y soy yo.

Si quisiera dormir un poco más no podría, el zumbido en
mis oídos suena cada vez más fuerte. Como una gran ola, las
llamas se acercan, lentamente el fuego asciende dentro de mí.
El Estanque de fuego, ésa es la segunda muerte, Señor, por qué.
Castañeteo los dientes, es la cama que tiembla, es la pared y la
casa entera, es el macho cabrío del vecino. A ti también, amor
mío, tus hombros te sacuden, pegados a los de Titus. En el interior, el fuego quema lo que quiere, fuera, miles de alfileres
pinchan cada zona de mi piel.

Luego, la estela de espuma tostada se une al mar, que lentamente se retira. Un vientecillo se levanta en las hojas que dan
vueltas alrededor de su tallo, una inmensa fatiga sopla. He dejado de temblar, ya no me muevo, me hundo en mi cama. Es
una gran paz. A la espera.

Las velas queman los miasmas del aire entre mi persona y
aquellos a quienes amo. Veo tu pena, es lo que tira de tus ojos,
lo que hunde y forma bolsas en tu rostro, perdón. El aire ardiente de mi cuerpo me ha secado la lengua, pero las palabras chas-
quean todavía. Vinagre. Sí, conserva el pañuelo rojo entre tú y
yo. El vinagre es el olor de la vida.

Abierta de piernas y brazos, en el hueco de mi sudor acecho el primer escalofrío. Entre dos incendios, durante la leve
brisa, ahora sé que la oleada de fuego regresará.

He obrado lo mejor que he podido en cuanto estaba a mi
alcance. Siempre, todos estos años cerca de ti. Para protegernos
a los cuatro, he actuado como sabía, los ungüentos, los polvos,
el azogue y las cebollas. Con vinagre caliente lavé la puerta
mancillada por el sembrador de la peste. Los pecados de los
hombres han despertado la cólera de Dios; cuando se siente en-

colerizado, Dios elige deprisa. Pero dejaros, no volver a veros hasta el Juicio… Ya os echo de menos. El dolor no proviene de la muerte, sino del amor.

Antes de oírlo he visto mi grito en tus ojos. No es a causa de la fiebre, ni de los alfileres, sino de las brasas en mi carne. Es un bubón. Ya no puedo volver la cabeza, oigo el miedo que la sangre hace palpitar en el cuello. Con las yemas de los dedos, es una cereza, una ciruela ya, que sigue creciendo. En la cara interna del muslo también. Hinchado de sangre negra, está caliente, es infecto.

El boticario Abraham y el doctor Ephraïm, gracias, amigos, por estar ahí. Pero cambiad vuestra expresión de amigos tristes, para que la muerte me resulte menos difícil. El sabor amargo en la boca me hace vomitar, el veneno del cuerpo me sube a la boca.

El Señor dejará que se pudran mientras todavía se mantengan erguidos sobre sus pies. Sus ojos se pudrirán en las órbitas, y su lengua en el interior de la boca.

Digo que sí, acepto de buen grado las gruesas ventosas destinadas a hacer que engrosen y maduren los bubones. Desnuda ante vosotros, no siento vergüenza. O acaso de no ser ya aquel otro cuerpo, el de Betsabé, todavía firme, mas hoy amarillento y fofo. Infectado de gordas y negras sanguijuelas, y completamente picado, como por las pulgas, de ántrax rojos y negros. A través de la niebla de la habitación, por un instante entreveo el rostro de Judith, que me sonríe. Que la demencia no se apodere de mí, o al menos sólo en el momento de los dolores, para poder olvidar. Bajo las ventosas, la piel me arde, me tira, y también me hace cosquillas. Pero al mismo tiempo, en el hueco del vientre, el dolor se acumula, listo para saltar; en torno a él, brazos y piernas se doblan, por encima del vientre que se hunde.

Los ojos se vuelven ciegos con la luz. El blanco del mantel es un espejo, la luminosidad se ahoga en él. Alrededor de Civilis, los rostros inclinados aparecen en llamas, las hojas blancas de las espadas se cruzan en torno al juramento. Era antes de la batalla, pero, ebrios o con grave talante, habían bebido ya la victoria.

Sed.

Tan menudita, mi hija de nueve años, al lado de su padre. Su madre muerta le habrá enseñado la peste, pero la peste no es la vida. Nueve años. Gracias por esas burbujas de cerveza que raspan la lengua y la garganta. Nueve veces siete, sesenta y tres. El año climatérico pero también las últimas cifras de este año. Así pues, era a mí a quien los números de Dios amenazaban. Los oídos me zumban, pero Ephraïm tiene una voz clara:

—Demasiado pronto para sajar, los bubones no están lo bastante maduros.

Mi voz enronquecida se ahoga. No me dejéis morir llena de veneno, de gusanos e impregnada de olores.

La fiebre me estrangula.

—Rembrandt…, sí, escúchame, más cerca, sí, pero no demasiado. También yo creo que la mezcla de aceites adherida a tu piel te salva de la peste, pero en esta habitación la vida resulta peligrosa. Que quemen también en las llamas de las velas tomillo, ruda, sarmiento de viña y alcanfor, todo cuanto pueda ocultar a tu olfato la hediondez de mi cuerpo.

Que el recuerdo huela mejor que esta muerte que transpira. Nuestro sudor pegado a las sábanas húmedas…, el fin estaba próximo; sin tener que decírmelo a mí misma, siquiera en voz muy baja, yo lo sabía. Todas las noches, desde la primera del verano, encerrada entre tus brazos, entre tus muslos, transpiraba debajo de ti, encima de ti, y de todas las maneras posibles. Para olvidar la peste. Si los predicadores están en lo cierto y el acoplamiento por detrás, como los animales, es un pecado, entonces este último mes hemos pecado cada noche como si fuera la última, el postrer pecado antes de la peste de la mañana. Buena resurrección. Al oír tu sorpresa, al oír tu rugido de león, capaz de despertar a un macho cabrío, cada vez me decía que era la última, y que una noche la vida se detendría, tú en mí, yo aplastada debajo de ti.

He vuelto a vomitar.

En ocasiones trabajabas hasta que te invadía el sueño. Sobre tu amplia camisa dorada, los trazos amarillos, rojos y blancos de tu pintura se cruzaban en el choque de las espadas de los conspiradores. A la mañana siguiente, atravesaba la ciudad y el Dam con Cornelia para traeros, a Titus, a Aert y a ti, la cerveza y los arenques, el queso y el pan para la jornada.

Sobre todo no morir sin recuerdos. Era un año antes de la peste; ante el Ayuntamiento, las hijas de notables, con sus bonitos rasos de colores, no habían abandonado la ciudad. Aún no veían la muerte que se agazapa detrás de la vida, se examinaban unas a otras y reían entre las gotas de nácar de sus orejas.

Cornelia saltaba a la pata coja sobre las losas negras y blancas de la Gran Galería. Miró de frente el ojo de Claudius Civilis. Luego, despacio, volvió la cabeza hacia la izquierda. Pero el ojo no se apartaba de ella.

Siento hambre en el hueco del vientre, pero mi garganta rechaza de antemano. Eres tú quien sostiene el susenol*, en la certeza de que estoy hambrienta, seguro de que me hará bien. El plato se acerca un poco más a mi nariz, y para no vomitar, vuelvo la cabeza con rapidez.

Los gusanos han dispuesto de catorce años para hacer su trabajo. Digieren cada vez más despacio el serrín de madera.

Ya no sé qué soy yo, dónde está el interior y dónde el exterior. El agua en mi vientre completamente hinchado, el sudor que baña cuanto me rodea y el veneno que el cuerpo expulsa

---

* El susenol se tomaba en el desayuno, sobre todo en el campo, y se consideraba más un remedio energético que un plato: huevos batidos en cerveza.

por todas sus aberturas. Éramos lo que vosotros sois, vosotros seréis lo que somos. Piedad. Que los gusanitos de mi cabeza no me maten por demencia.

Judith ha entrado en la habitación cargada con tres pavas. Rembrandt, amor mío, tú meneas la cabeza; Judith no habla tan bajito como de costumbre, no es por molestar, es porque se siente segura. Susurro que sí, que lo podré soportar. Que las ventosas de los médicos no lo han conseguido, que Judith tiene amigas brujas y que es sabido que las pavas hacen desaparecer los bubones.

Aun cuando el veneno las mate. Por eso se necesitan varias. Era el último día de la última veladura antes de aplicar el barniz; reconozco esa paz de tu rostro, cuando el cuadro se parece a tu visión, cuando, al buscarla, tu pincel te arrastra más allá. Tres o cuatro granos de sal en el culo de la pava. Al instante se dilata mucho y se vuelve a contraer. Cuando está muy apretado, raspa. Judith le sujeta el cuerpo con una mano, y con la otra la cabeza. Con esa misma mano, le cubre los ojos y le mantiene el pico cerrado. Un Regente llamará a la puerta y abrirá sin esperar respuesta. Judith me coloca el culo de la pava en la ingle, sobre el bubón. Verá la estancia vacía, con tarros y vejigas allí dispuestos, contemplará el gran lienzo en la pared. Percibirá los olores. Sobre el punto de intenso dolor, el calor del culo de la pava quemado por la sal resulta momentáneamente acariciante. Mejor que una ventosa de vidrio, el aliento cálido de su vientre extrae el veneno. Toda la epidemia, toda la muerte en su culo. Agita la cabeza; al igual que a mí, le gustaría gritar. El Regente llamará a los demás, todos juntos admirarán tu obra. Dentro de uno o dos días, enviarán al Rozengracht a un mensajero para invitarte; o bien, sin más tardanza, vendrán por sí mismos a dar las gracias y felicitar a Rembrandt Van Rijn.

Cuando era niña castañeteaba los dientes, hacía el ruido de una calavera que sonríe. Mi madre creía que tenía fiebre, me sentaba en sus rodillas, me hablaba de las torturas de los españoles, del anciano a quien obligaban a beber su sangre a medida que manaba de su cuello. Me lo contaba, yo castañeteaba los dientes, pero mi cama nunca temblaba como lo hace ahora. Sed.

Rembrandt van Rijn, mi marido para toda la vida, hace dos años vendiste a Pieter van Gerven, sepulturero de la Oude Kerk, la pequeña tumba donde desde hacía veintiún años Saskia se iba convirtiendo en polvo. Con ese dinero compraste una nueva concesión en la Westerkerk, más próxima al Rozengracht. ¿Habías adivinado lo de la peste?

A través del vinagre, con los ojos enrojecidos, Judith sonríe. Quiere decirlo todo, cree que tengo miedo. No sabe que el dolor y la demencia matan el miedo. Ahora que las pavas han levantado el bubón, hay que hacerlo madurar con la cataplasma. Se trata de una gruesa cebolla vaciada y llena de triaca*. Se asa enterrada en cenizas, luego se pica y se mezcla con manteca de cerdo, semillas de mostaza, un pellizco de excremento de pichón y piedra imán. Se aplica sobre el bubón bien cerrado, y mañana practicarán una incisión.

Sed. Durante toda la noche mi cuerpo ha soltado hipidos. Cuando el viento se calma, con los ojos abiertos a la luz de la vela, acecho. Oigo a lo lejos la primera espuma que se estremece.

Diez días después, el silencio de los Regentes parecía algo imposible. Quizá no les gustaba… Imposible, repetía el león herido, caminando arriba y abajo de su jaula. ¿Cómo podían hacer algo así? A los Regentes les asisten todos los derechos, incluso el de la cobardía.

Desde el Dam al Jordaan, a toda prisa, Van Ludick ha venido al Rozengracht. Se sienta. Da las gracias con una sonrisa triste, no, gracias, nada de ginebra esta noche. Sus preguntas no

---

* Preparado farmacéutico antiguo, compuesto de muchos ingredientes y principalmente de opio.

han recibido respuesta. Nada se ha dicho, nada auténtico, nada transparente, tan sólo dudas. Cornelis Witsen es de nuevo Regente. ¿Estará resentido con Rembrandt? Fue él quien hizo que la casa de Rembrandt fuera retirada de la Cámara de los Huérfanos, fue Cornelis Witsen quien hizo vender la casa de la Breestraat. No es un hombre dispuesto a perder su dinero, sólo a él le fueron reembolsados sus 4.000 florines (y su derecho de preferencia). El Regente defiende la moral del dinero y del poder. Quien se sirve de las leyes para no saldar sus deudas jamás será perdonado. Aun cuando aquellos que hoy lo juzgan le hayan robado, hasta tal punto que creyeron asesinarlo, a él y su pintura que huele, a él y sus sombras.

Ephraïm Bueno hace brillar a la luz la hoja de la lanceta.

Y además, un Regente no insulta a otro Regente que, por un voto, le ha dejado su puesto en el Ayuntamiento. Injuria al pintor que su enemigo en el poder ha elegido. Pequeñas historias de insignificantes vidas. Como si ya hubiera contraído la epidemia aquella noche, un sabor amargo me subió a la boca. Llamo vidas insignificantes a aquellas que han perdido su alma, las que arderán en el Estanque de fuego.

Yo no seré maldita, no, no conoceré la hoguera eterna. Sólo la lanceta en el absceso.

El gran banquete de Claudius Civilis ha sido descolgado de la pared del Ayuntamiento, enrollado al revés (la pintura oculta se agrietaba en el centro) y devuelto al pintor Rembrandt, al Rozengracht. Sin pago, sin nota escrita. Tan sólo algunas palabras que repite uno de los tres portadores. Me acuerdo. Que el pintor vuelva a pintarlo con verdaderos colores de gentes auténticas, no aquél, que denota un solo ojo para ver la vida.

Veo y oigo todavía; si sigo viviendo después de la mordedura en mi carne, es porque Ephraïm ha practicado una correcta incisión en forma de media luna. Entre los vapores del vinagre, os felicitáis. Sí, la infección negra abandona el cuerpo enfermo. Otro bock de cerveza tibia en la boca pe-

gada por los dientes que castañetean. Unas burbujas más
para aplacar la sed de la lengua negra. Antes de la llama que
cauteriza.

Si todavía tengo recuerdos, tal vez no muera, al menos no esta noche. Una noche de ginebra quisiste desenrollar el gran
lienzo. Por primera vez, deseabas volver a ver a todos los comensales sentados a la mesa de los conspiradores, al mesías
Civilis y a sus apóstoles, querías asimismo encontrar y de-
nunciar al traidor. Es lo que tú decías. Repetías que habías servido a las conjuras de los cobardes del Ayuntamiento, que ya
no tenían ni siquiera un solo ojo para mirar tu cuadro. La casa es pequeña, la habitación del frente demasiado reducida
para el extenso lienzo. Entonces, sin deshacer el grueso rollo,
por el revés de la pintura enrollada atacaste con el cuchillo a
los traidores y los conspiradores, a los cobardes y los ciegos.
Con nuestras palabras y besos, poco a poco Titus y yo te con-
dujimos hasta la cama. Luego, a la luz rosada del alba, Titus
desenrolló el lienzo sobre los ladrillos del exterior. Los cuchi-
llazos eran tu venganza. Habían cortado el fondo, habían ra-
jado, desgarrado en torno a la mesa. Los habías asestado alrededor de los conjurados, no habían agujereado ni un solo
rostro. Ni uno.

Ya no queda aire que respirar, la llama que cauteriza lo aspira
todo. Sólo mis gritos para tragar. Los vivos saben que morirán,
pero los muertos no saben nada en absoluto. Caigo en un pozo sin fondo, las largas garras en que se han convertido mis manos se aferran a la sábana. Las mandíbulas del dragón del Apocalipsis, las mandíbulas de fuego de las siete cabezas del dragón
me devoran. ¿Harás un milagro para los muertos? ¿Se levanta-
rán los difuntos para celebrarte?

Nos reencontraremos, y para toda la eternidad. Lo sé. Pero
antes de eso os echaré de menos, ya os echo de menos. To-

davía no tengo miedo. Conozco la misericordia de Dios.
Rembrandt, Cornelia, Titus, al menos ninguno de vosotros
se encuentra en ese lecho frente a mí. Gracias, Señor, no soy
yo quien sufre al ver a uno de ellos salir de mi vida y de mi
aflicción.

Sólo los hombres ponen bajo tierra. Éste será mi primer entierro.

El insulto resultará mayor todavía. A partir del dibujo de Govaert Flinck, los Regentes harán que Jurriaen Ovens pinte el
primer cuadro de la rebelión de los bátavos. En cuatro días. Por
48 florines. Acecho el próximo escalofrío. Ya oigo cómo se estremece.

Entre los bátavos y la resurrección, nuestras vidas son tan
tenues… Tras tantos años cerca de ti, aprendo a retroceder, a
conocer el placer o la pena procedentes de un lugar situado algo más allá que mi interior. Sí, me he liberado de antemano,
tanto de mi vida como de mi muerte. Pero no de la pesadumbre que late en el color de tu tez, en el rostro inclinado al revés.
Ni de mi pequeña, a la que no veré crecer, mi carne y mi sangre
y su risa.

—Abraham, querido Abraham Francen, sí, acercaos, pero
no demasiado, la llama siempre entre nosotros. Quiero pediros que ayudéis a Rembrandt. Vos y vuestra bondad, ¿tendríais
a bien ser el tutor de Cornelia? Siempre sabréis obrar lo mejor
posible, y jamás en contra de su padre, pero gracias a vos, sin
las leyes de la Cámara de los Huérfanos.

Querido Abraham, gracias. Bajáis las pestañas varias veces
para responder, también para ocultar vuestras lágrimas.

Del hueco del vientre completamente encogido ha brotado el
dolor, el cuerpo desmembrado huye en desbandada, los brazos
y las piernas demasiado largos. La comunión de los santos el
perdón de los pecados la resurrección de la carne y la vida eterna, es un diluvio que me retuerce y me sacude.

Rembrandt, Cornelia, Titus, vuestros rostros adorados se
alejan. Para que me resulte más fácil abandonaros, para que los
pesares se desprendan y se borren. Mis manos se cierran y se
deslizan por la sábana. Con un aliento ronco respiro todavía.
No obstante, en la cama que tiembla me siento más ligera. Sé
que el alma se separa del cuerpo y que se eleva después de la
muerte. Las ovejas a Su derecha y las cabras a Su izquierda. Éstos partirán para el castigo eterno, pero los justos gozarán de la
vida eterna. Es un pozo sin fondo, tengo miedo, la puta de
Rembrandt tiene miedo.

Siempre estarán ahí, los notables y los Regentes, con su
provecho inmediato y sus embustes. Después de ellos sus hijos, siempre las mismas vidas insignificantes macerando en el
mismo dinero e idéntico poder. Pero también Rembrandt estará ahí a perpetuidad. Dios elegirá siempre a uno.

Rembrandt, gracias, no te lo he dicho suficientes veces.
Nunca a tu lado soñé con otra vida. La mía comenzó entre tus
brazos. Nací a la vida, en tus ojos, hace catorce años en la Breestraat. Me enseñaste lo bello y lo bueno, e incluso la muerte.

Habré vivido por ti, por nuestra hija, amor mío, y por
nuestras huellas. Gracias a tus pinceles y a tus colores, durante mucho tiempo atravesaré la vida y entraré en los vivos por
los ojos. La noche invade la habitación, horadada por un trazo de plata. La luna está llena, lo oigo. Es con luna llena cuando la peste mata más.

Sabiendo que todo estaba consumado, Jesús dijo: «Tengo sed».
Después de haber bebido vinagre de la esponja clavada en una
lanza, entregó Su espíritu en manos de Su Padre. Fue el vinagre de la esponja lo que mató a Cristo.

Venid, benditos de Mi Padre, compartid el Reino que ha sido preparado para vosotros desde la creación del mundo. A
mi alrededor la cama se ha secado. O bien he empezado a ele-
varme por encima de mi sudor.

No sé si es el veneno que me sube a la cabeza. Mi madre decía que, a las puertas de la eternidad, la vida presenta batalla, los recuerdos se abren paso. No decía que es posible ver asimismo lo que hay después de la vida. Dos dedos cierran mis párpados sobre mi mirada, dos dedos con un agradable aroma a aceite de adormidera. Judith cubre ya los espejos y da la vuelta a los cuadros contra la pared.* No, no lloréis, no podéis saberlo, pero os sigo viendo. Mi niña, bonita mía, sí, Titus, llévatela de la habitación, lejos de la muerte y de la fealdad.

Rembrandt desliza un paño bajo mi barbilla y me lo anuda sobre el cabello; los dientes de arriba se encuentran por última vez con los de abajo. Gracias, amor mío, por sofocar mi último grito, que Dios vea la paz en mi rostro. A toda prisa bajo la losa de la Westerkerk, que de nuevo mires de frente la luz de tu paleta. La pasta bien espesa que huele tan bien, el deslumbramiento a grandes cuchilladas. Veo pinturas y escucho pesadumbres.

Oigo las risas de los niños y sus zancos, que golpean sobre los ladrillos de la ciudad.

Veo el final de los túneles que el ejército de gusanos ha excavado en la madera. La han trabajado durante catorce años, dejan tras de sí más huecos que madera. Detenidos un instante al extremo del serrín, deslumbrados por la luz del sol en el agua, siguen avanzando. No saben que el agua ahoga a los gusanitos.

Mediante una señal de la cruz, San Nicolás ha vuelto a pegar los trozos de los niños en el saladero del carnicero y los ha resucitado. Los niños están en la tierra para que se escuche su risa, y para cantar y celebrar a San Nicolás. Pero los Regentes y

* Se trata de una tradición después de un fallecimiento.

todos los hombres de negro lo han prohibido, prohibido celebrar al amigo de los niños, prohibido asimismo vender muñecos de mazapán, multa de tres florines.

Los paños empapados en agua de rosas y de mirra expulsan los últimos alfileres de mi piel. Titus, hijo mío, hermano mío, oigo tus lágrimas. Oigo asimismo las aflicciones de la peste. La risa rota de una mujer y los gritos de un niño que se ha quedado solo en el mundo. Desde que nací, hace catorce años en la Breestraat, sé que si murieses antes que él, en tu padre la vida cesaría. Siete veces nueve, a los sesenta y tres años la vida es peligrosa.

Tocan tambores, llaman a las puertas de la ciudad. Sus risas queman a los Regentes y a los predicadores.

Resucitó de entre los muertos, subió a los Cielos. Bajo la losa de la Westerkerk, con el rostro vuelto hacia el este, todas las mañanas veré nacer tu vida. Contaré cada día que nos acerca. Siete veces nueve.

Es más ligero que una ola, menos salado que la espuma. Tus dedos en mi cara son acariciantes.

La madera crujirá. La madera de los diques.

Ante la cólera de los niños, los Regentes se mostrarán permisivos. Miles de santos Nicolás de mazapán. Frente a la glotonería de los niños furibundos, esta vez los regentes darán marcha atrás.

Tan intenso será el trueno que la gente no sabrá si son las olas o la madera que se rompe.

Tus dedos pasean frescura por mi cara.

Sólo después de que Dios haya inundado los pecados de Holanda, Su cólera se apaciguará. Las aguas bajarán, y quienes hayan sobrevivido a la peste y al Diluvio verán los miles de pequeños túneles excavados por miles de gusanos en la madera reventada de los diques.

No es un suspiro. No es una nube lo que atravieso. Son tus lágrimas en mi cara. Tus dedos las han recogido del rabillo de tus ojos. Las compartes conmigo, que te he abandonado.

Epílogo

Las aflicciones que oye Hendrickje moribunda son las de los muertos venideros.

El 10 de febrero de 1668, Titus contrae matrimonio con Magdalena van Loo, una prima política. El 4 de septiembre de ese mismo año, Titus muere, probablemente a causa de la peste. Seis meses más tarde, el 19 de marzo de 1669, Magdalena da a luz a la hija de ambos, a la que pondrá por nombre Titia.

El 4 de octubre de 1669, o sea, trece meses después de la desaparición de su hijo, muere Rembrandt van Rijn. Tenía sesenta y tres años, la edad de la gran climatérica. Había experimentado demasiados padecimientos. Será enterrado en la Westerkerk.

El 17 de octubre, dos semanas después de Rembrandt, muere Magdalena van Loo. La pequeña Titia aún no tenía un año.

Con su tutor, Abraham Francen, como testigo, Cornelia se casa con un joven pintor, Cornelis, y juntos se van a vivir a «Batavia» (en Bali). Allí da a luz un niño y una niña, a los que pondrá el nombre de sus padres: Rembrandt (nacido en 1673) y Hendrickje (nacida en 1678). En su isla del fin del mundo, su huella se pierde muy pronto.

Titia muere en 1728, sin descendencia.

Creo poder afirmar que en esta novela todo es verdadero. No hay nada inventado. Ni los procesos, ni las recetas, ni los olo-

res, ni el armario, ni el espejo… Tampoco las obras, ni la bondad. Las actas notariales, la correspondencia y los cuadros constituyen la prueba, pero el inventario resultaría fastidioso.

Más allá de las biografías, he leído los documentos, estu-
diado los testimonios y los contratos; he examinado largamente los cuadros y los grabados, he comparado la pesadumbre en las desgracias y en las miradas pintadas, o en los años
sin pinturas; he recuperado los miedos y las esperanzas. También he encontrado la peste.

Por la injusticia de la sentencia y los sufrimientos que la
afligieron, el destino de Hendrickje Stoffels me conmovió. Su
mirada pintada por Rembrandt nos habla ya de su profundi-
dad y su generosidad; con el fin de entenderla mejor, fui a su
encuentro, con ella intenté recordar.

S. M.

Obras de Rembrandt citadas

La compañía del capitán Frans Banning Cocq (La ronda de noche) (pintura), 1642. Mauritshuis, La Haya.

La moneda de cien florines (grabado), 1649.

Medea (grabado), 1648.

Betsabé con la carta del rey David (pintura), 1654. Louvre, París.

El hombre del casco de oro (pintura), 1650. Gemäldegalerie, Berlín.

Jan Six (dibujos y grabados), 1647.

Autorretrato (pintura), 1652. Viena.

Las ruinas del antiguo Ayuntamiento de Amsterdam tras el incendio (dibujo), 1653.

Clément de Jonghe (grabado), 1651.

Aristóteles contemplando el busto de Homero (pintura), 1653. Metropolitan, Nueva York.

José y María en el establo (grabado), 1654.

La huida a Egipto (grabado), 1654.

Jan Six (pintura), 1654. Colección Jan Six, Amsterdam.

El descendimiento de la cruz (grabado), 1654.

Ecce Homo a lo ancho (grabado), 1654.

Los peregrinos de Emaús (grabado), 1654.

La Sagrada Familia (grabado), 1654.

Titus en su pupitre (pintura), 1655. Museo Boymans van Beuningen, Rotterdam.

Abraham Francen (grabado), 1657.

Hendrickje bañándose (pintura), 1655. National Gallery, Londres.

Thomasz Haaringh (grabado), 1655.

Hendrickje (pintura), 1660. National Gallery, Londres

Buey desollado (pintura), 1655. Louvre, París.

Cristo en el monte de los Olivos (grabado), 1657.

Titus (pintura), 1658. Wallace Collection, Londres.

San Francisco de Asís (grabado), 1657.

La lección de anatomía del doctor Jan Deyman (pintura), 1656. Rijksmuseum, Amsterdam.

Autorretrato (pintura), 1658. Frick Collection, Nueva York.

Jacob luchando con el ángel (pintura), 1659. Gemäldegalerie, Berlín.

Retrato de Titus vestido de monje (pintura), 1660. Rijksmuseum, Amsterdam.

Alejandro Magno (pintura), 1655. Gulbenkian Foundation, Calouste, Portugal.

Autorretrato (pintura), 1659. National Gallery of Art, Washington.

Hendrickje (pintura), 1660. Metropolitan, Nueva York.

La samaritana (pintura), 1660. Gemäldegalerie, Berlín.

Homero dictando a un escriba (pintura), 1663. Mauritshuis, La Haya.

El Evangelista Mateo inspirado por el ángel (pintura), 1661. Louvre, París.

El apóstol Pablo (pintura), 1661. Rijksmuseum, Amsterdam.

Jacob Trip y *Margaretha de Geer* (Retrato de.../ Margaretha) (pinturas), 1661. National Gallery, Londres.

La conjura de los bátavos (pintura), 1661-1662. Nationalmuseum, Estocolmo.

Obras de otros artistas citadas

Un paisaje, por Hercules Seghers (pintura).
Un jilguero, por Carel Fabritius (pintura).
Marghareta Tulp, por Govaert Flinck (pintura).

Agradecimientos

Doy las gracias a Hendrickje Stoffels por haber sido la bonita persona que fue, y que siempre será en los retratos de Rembrandt. Espero no haberla traicionado. Gracias también a Rembrandt y a Titus van Rijn, con los que tanto tiempo he tenido para encariñarme.

Gracias a Charles, Léonard y Jules, a mis parientes y a mis amigos, por haberme soportado (en todos los sentidos del término) durante este viaje.

Agradezco a Muriel Beyer su cuidadoso y cordial apoyo.

Así como, por su lectura atenta y amistosa, a Elisabeth de Laubrière, Anne de la Baume Sylvaine Parmeland, Marina Kamena y Jacques Baratier. Un reconocimiento muy especial para Elisabeth, quien, desde el comienzo de mis investigaciones sobre Rembrandt, me arrastró a bibliotecas y trabajó conmigo en todos los documentos.

Gracias a Charles Matton y a Serge Clément, por todo cuanto hay para ver y para respirar en un taller de pintura y de grabados.

A Sebastian Dudok van Heel, investigador científico e histórico en los Archivos Municipales de Amsterdam, y a Anneke Kerkhof, conservadora de la biblioteca del Instituto Neerlandés de París, por su indulgencia cómplice, sus críticas y sus claves secretas, que tuvieron a bien ofrecerme.

Un profundo reconocimiento a Jacqueline Brossollet, por

su inmensa sabiduría sobre la peste y sus consecuencias humanas y sociales, que, con generosidad digna de encomio, se dignó dejarme compartir.

Gracias a Armelle de Crépy, a Zime Koleci y a Suzanne Andriessens.

A Toby e Yves Gilbert, por las hermosas lágrimas.

Y a aquellos que me enseñaron la bondad y la compasión: F. F. y C. M.

Bibliografía selecta

La Bible et les Saints (Todo el arte), Encyclopédie Flammarion.

La Biblia. El Antiguo y el Nuevo Testamentos.

Brossollet, Jacqueline, y Mollaret, Henri, *Pourquoi la peste? Le rat, la puce et le bubon*, Gallimard Découvertes.

Calvin, Jean, *Le Catéchisme de Genève*, G.K.E.F.

Canons de Dordrecht, Les.

Chevalier, Jean, y Gheerbrant, Alain, *Le Dictionnaire des symboles*, Bouquins/R. Laffont.

Cottin, J., *Traité de la peste* (reeditado en 1721).

Defoe, Daniel, *Journal de l'année de la peste*.

Descargues, Pierre, *Rembrandt*, Lattès.

Fabre, Pierre-Jean, *Remèdes curatifs et préservatifs de la peste* (reimpreso en 1720).

Gagnebin, L., y Gourmelle, A., *Le Protestantisme*, La Cause.

Genet, Jean, *Le Secret de Rembrandt*, Gallimard.

—, *Ce qui est resté d'un Rembrandt déchiré en petits carrés…*, Gallimard.

Guides Gallimard, Amsterdam.

Haak, Bob, *La Peinture hollandaise au siècle d'or*, Dumont.

Hofstede de Groot, Cornelis, *Die Urkunden über Rembrandt*.

Loghem, J. J. van, *Le Rat domestique et la lutte contre la peste au XVIIᵉ siècle*, Masson & Cie, 1925.

Maîtres de Delft, Les, Waanders Publishers.

Mens, Jan, *La Vie passionnée de Rembrandt*, Intercontinentale du Livre.

Michel, Émile, *Rembrandt, sa vie, son oeuvre et son temps*,
    Hachette, 1893.

Nohl, Johannes, *La Mort noire*, Payot.

Rembrandt eaux-fortes, museo del Petit Palais.

Rembrandt, le maître et son atelier, Flammarion.

Schama, Simon, *L'Embarras des richesses*, Gallimard.

Schwartz, Gary, *Rembrandt, his Life, his Paintings*, Penguin.

Slive, Seymour, *Dutch Painting 1600-1800*, Yale Universal
    Press.

—, *Rembrandt and his Critics*.

Tout l'oeuvre peint de Rembrandt, Flammarion.

Tümpel, Christian, *Rembrandt*, Albin Michel.

Vosmaer, C., *Rembrandt, sa vie et ses oeuvres*, 1877.

Wilson, F. P., *La Peste à Londres au temps de Shakespeare*, Pa-
    yot.

Zumthor, Paul, *La Vie quotidienne au temps de Rembrandt*,
    Hachette.

Filmografía

Bergman, Ingmar, *El séptimo sello*.
Dreyer, Carl, *La palabra*.
Pasolini, Pier Paolo, *El Evangelio según San Mateo*.
Trier, Lars von, *Rompiendo las olas*.

Índice